봄·여름·가을·겨울
식물도감

1쇄 • 2010년 6월 29일   23쇄 • 2023년 4월 27일   **지은이** • 윤주복   **그린이** • 김명곤
발행인 • 허진   **발행처** • 진선출판사㈜   **편집** • 김경미, 최윤선, 최지혜   **디자인** • 고은정, 김은희
총무 / 마케팅 • 유재수, 나미영, 허인화   **주소** • 서울시 종로구 삼일대로 457 (경운동 88번지) 수운회관 15층
전화 (02)720-5990   **팩스** (02)739-2129   **홈페이지** www.jinsun.co.kr
등록 • 1975년 9월 3일 10-92   ※책값은 뒤표지에 있습니다.
ISBN 978-89-7221-655-1 74480   ISBN 978-89-7221-654-4 (세트)
ⓒ 윤주복, 2010   편집 ⓒ 진선출판사, 2010

지은이 윤주복 선생님은

식물생태연구가이며, 자연이 주는 매력에 빠져 전국을 누비며 꽃과 나무가 살아가는 모습을 사진에 담고 있습니다.
저서로는 《봄·여름·가을·겨울 나무도감》, 《어린이 식물 비교 도감》, 《식물 학습 도감》, 《나뭇잎 도감》,
《나무 해설 도감》, 《우리나라 나무 도감》, 《APG 나무 도감》, 《APG 풀 도감》, 《들꽃 쉽게 찾기》, 《화초 쉽게 찾기》,
《나무 쉽게 찾기》, 《겨울나무 쉽게 찾기》, 《열대나무 쉽게 찾기》, 《쉬운 식물책》, 《꽃 책》 등이 있습니다.

진선아이 는 진선출판사의 어린이책 브랜드입니다. 마음과 생각을 키워 주는 책으로 어린이들의 건강한 성장을 돕겠습니다.

봄·여름·가을·겨울

식물도감

윤주복 지음

진선아이

차례

봄

봄에 꽃이 피는 화초 · 6
봄에 들에서 피는 풀꽃 · 8
민들레의 한살이 · 10
봄에 산에서 피는 풀꽃 · 12
봄에 공원에서 피는 나무꽃 · 14
봄에 산에서 피는 나무꽃 · 16
소나무의 일생 · 18
화단과 공원에 있는 새싹 · 20
들에서 볼 수 있는 새싹 · 22
밭에서 만나는 농작물의 새싹 · 24
산에서 볼 수 있는 새싹 · 26
공원에서 자라는 나무의 새순 · 28
산에서 자라는 나무의 새순 · 30

여름

여름에 꽃이 피는 화초 · 34
여름에 들에서 피는 풀꽃 · 36
여름에 산에서 피는 풀꽃 · 38
여름에 공원에서 피는 나무꽃 · 40
나라꽃 무궁화 · 42
여름에 산에서 피는 나무꽃 · 44
열매를 이용하는 채소 · 46
잎줄기나 뿌리를 이용하는 채소 · 48
여름에 공원에서 볼 수 있는 나무 열매 · 50
여름에 산에서 볼 수 있는 나무 열매 · 52
여름에 볼 수 있는 들풀 열매 · 54
여름에 볼 수 있는 산풀 열매 · 56
어린 열매 단면 · 58
공원에서 만날 수 있는 나뭇잎 · 60
산에서 만날 수 있는 나뭇잎 · 62
바늘잎을 가진 나무들 · 64
들에서 만나는 풀잎 · 66
산에서 만나는 풀잎 · 68

겨울

로제트 식물 • 106
겨울에도 잎이 푸른 상록수 • 108
겨울철 실내를 푸르게 해 주는 관엽식물 • 110
식물의 겨울나기 • 113
공원에서 볼 수 있는 나무껍질 • 114
산에서 볼 수 있는 나무껍질 • 116
공원에서 만나는 겨울눈 • 118
산에서 만나는 겨울눈 • 120
나물 노래 • 122

찾아보기 • 124
초등 교과 과정 연계 정보 • 128

가을

가을에 피는 꽃 • 72
가을에 공원에서 볼 수 있는 나무 열매 • 74
가을에 산에서 볼 수 있는 나무 열매 • 76
도토리가 열리는 참나무 • 78
솔방울열매가 열리는 나무 • 80
가을에 볼 수 있는 들풀 열매 • 82
가을에 볼 수 있는 산풀 열매 • 84
열매 단면 • 86
맛있는 과일 • 88
공원이나 들에서 모은 씨앗 • 90
산에서 모은 씨앗 • 92
논밭에서 기르는 곡식 • 94
공원에서 만나는 단풍잎 • 96
산에서 만나는 단풍잎 • 98
풀잎 단풍 • 100
꽃누르미를 만들어 봐요 • 102

봄

화단의 단풍나무 새싹

봄이 오면

땅을 헤집으며 새싹이 올라오고
앙상한 나뭇가지에는 새순이 돋지요.
꽃밭에는 예쁜 꽃들이 피고
들과 산은 나무꽃과 풀꽃들로
울긋불긋 꽃잔치가 벌어지지요.
모두 들과 산으로 나가 봄소식을 전하는
나무와 풀들을 만나 볼까요!

봄이 오면 겨우내 쌓였던 눈이 녹고 새싹이 돋아요.

봄에는 날 닮은 예쁜 꽃이 참 많아요!

눈이 남아 있는 골짜기의 나무들에도 연둣빛 새순이 돋아나요.

↑ 들판에 민들레가 피어 노란 꽃밭을 이루었어요.

↑ 공원의 백목련에 꽃이 활짝 피었어요.

화단의 나팔꽃 새싹 ↗

↑ 화단에 색색의 튤립 꽃이 피었어요.

← 산에 돋은 관중 새싹

공원의 벽오동 새순

관련 교과 1–1 봄 〈2. 도란도란 봄 동산〉 / 6–1 과학 〈4. 식물의 구조와 기능〉

봄에 꽃이 피는 화초

봄이 오면 교실 밖 화단이나 공원의 꽃밭에 예쁜 꽃이 핀 것을
볼 수 있습니다. 밖으로 나가서 화단에 피어 있는 꽃을 만나 보세요.
사람들이 꽃을 보기 위해 기르는 풀을 '화초'라고 해요.
화초의 모양이나 색깔을 관찰해 보세요.
꽃을 색깔별로 묶어 보세요.

저먼 아이리스
위를 향하는 꽃잎과
밑으로 처지는
꽃잎이 있어요.

노랑꽃창포
노란색 꽃잎은 점점
아래로 처져요.

작약
꽃이 크고 탐스러워
'함박꽃'이라고도 해요.
꽃말은 '부끄러움'이에요.

아잉~
부끄부끄~

시클라멘
꽃잎이 뒤로 젖혀진 꽃은
고개를 숙이고 피지요.
그래서 꽃말은
'수줍음'이에요.

칼란코에
별 모양의 작은 꽃들이
촘촘히 모여 피어요.

히아신스
꽃줄기 끝에
빨간색 꽃이 촘촘히
모여 피어요.
꽃말은 '기억'이에요.

수선화
꽃잎 안쪽에
또 다른 색깔의
둥근 꽃잎이 있어요.
꽃말은 '자신감'이에요.

데이지
꽃줄기 끝에 달리는
동그란 꽃송이 안쪽은
노란색이에요.
꽃말은 '천진난만'이에요.

마거리트
흰색 꽃송이가
하늘을 보고 펴요.

프리뮬러
여러 색깔의 둥근 꽃잎
안쪽에는 무늬가 있어요.
꽃말은 '희망'이에요.

꽃잔디
촘촘히 핀 분홍색 꽃이
잔디처럼 땅바닥을 덮어
붙여진 이름이에요.

난 2010년
월드컵이 열린
남아프리카공화국에서
왔어요.

무스카리
푸른색 꽃이
이삭처럼 달리지요.
꽃말은 '실망'이에요.

라넌큘러스
꽃줄기 끝에 1개씩 피는 꽃은
꽃잎이 여러 겹이에요.

군자란
붉은색 꽃송이가 크고
탐스러워요. 꽃말은
'고귀함'이에요.

튤립
꽃잎이 낮에는
벌어지고 밤에는
오므라들어요.

살펴보아요!

팬지
화초는 팬지처럼 꽃 색깔이나
크기가 여러 가지인 것이
많아요. 여기 있는 팬지와
색깔이나 모양이 다른 팬지도
있으니 화단에서 잘 찾아보세요.

관련 교과 | 1-1 봄 〈2. 도란도란 봄 동산〉 / 6-1 과학 〈4. 식물의 구조와 기능〉

봄에 들에서 피는 풀꽃

들판에는 파릇파릇 새싹이 돋기 시작했어요.
연둣빛 새싹 사이로 노란 민들레 꽃이 피어나고
작고 귀여운 봄맞이 꽃도 하얀 얼굴을 내밀지요.
햇살 따스한 들로 나가서 작고 귀여운 풀꽃들을 만나 보세요.
돋보기를 준비하면 작은 꽃을 확대해서 볼 수 있어요.
꽃 이름을 찾아보고 색깔별로 묶어 보세요.

광대나물
입술 모양의
붉은색 꽃이
피어요.

토끼풀
동그란 흰색 꽃송이가 달려요.
잎을 토끼가 잘 먹어서
'토끼풀'이에요.

지느러미엉겅퀴
줄기에 지느러미 모양의
날개가 있어요. 가시가
많아서 찔리면 아파요.

뱀딸기
노란색 꽃잎은
서로 떨어져 있어요.

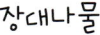

장대나물
줄기는 장대처럼
가늘고 곧게 자라요.

아이셔~

괭이밥
하트 모양의 잎을 따서
씹으면 시큼한 맛이 나요.

꽃마리
줄기 끝이 돌돌 말려 있다가
풀어지면서 연한 남색 꽃이
피기 때문에 '꽃마리'라고 해요.

애기똥풀
줄기를 자르면 나오는 즙이 노란 똥 색깔이라서 '애기똥풀'이에요.

봄맞이
이른 봄에 피어 봄을 맞이해서 '봄맞이'라고 불러요.

지칭개
분홍색 꽃송이에 촘촘히 달리는 가는 꽃잎이 밑으로 처져요.

별꽃
작은 별 모양의 흰색 꽃은 5장의 꽃잎이 둘로 깊게 갈라져서 10장처럼 보여요.

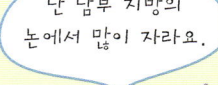

난 남부 지방의 논에서 많이 자라요.

자운영
나비 모양의 붉은색 꽃이 둥글게 모여 피어요.

꿀풀
자주색 꽃을 뽑아 뒤를 빨면 꿀처럼 단물이 나와요.

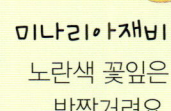

미나리아재비
노란색 꽃잎은 반짝거려요.

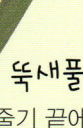

뚝새풀
줄기 끝에 기다란 꽃이삭이 달려요.

제비꽃
자주색 꽃은 제비가 올 때쯤 피어서 '제비꽃'이라고 해요.

관련 교과 2-1 봄 〈2. 봄이 오면〉 / 4-1 과학 〈3. 식물의 한살이〉

민들레의 한살이

봄 들판에 나가 보면 여기저기에 피어 있는 노란 민들레 꽃을 볼 수 있어요. 민들레 꽃은 시간이 지나면 열매로 변하고 열매에서 영근 씨앗이 바람에 날려 퍼지면 다시 새로운 민들레 싹이 트지요. 이처럼 민들레가 어린 새싹에서 꽃이 피고 열매를 맺기까지의 한살이 과정을 관찰해 보세요.

1 봄이 오면 잎 사이에서 자란 꽃줄기 끝에 꽃봉오리가 달려요.

예쁜 꽃잎들이 얼굴을 내밀어요. 요렇게~

2 꽃봉오리 속에는 꽃들이 피어날 준비를 하고 있어요.

3 꽃봉오리 속의 꽃잎들이 조금씩 밀고 올라와요.

4 꽃잎들이 가장자리부터 조금씩 벌어지기 시작해요.

5 민들레 꽃송이는 가장자리부터 꽃이 피기 시작해서 점점 안으로 피어 들어가요.

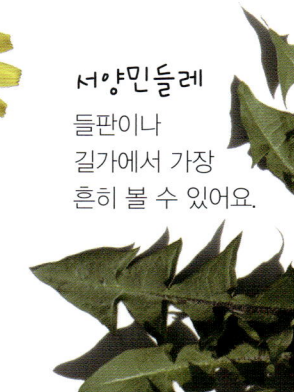

서양민들레
들판이나 길가에서 가장 흔히 볼 수 있어요.

6 꽃이 활짝 핀 꽃송이는 동그란 모양이에요.

— 1개의 꽃

7 민들레는 많은 꽃이 모여 달린 꽃송이인데 꽃 하나는 크기가 매우 작지요.

8 오래된 꽃송이는 점차 꽃잎을 오므리기 시작해요.

9 오므린 꽃잎이 모두 시든 모습은 꽃봉오리와 비슷해요.

가벼운 털 낙하산!

10 시든 꽃송이 속에서는 씨앗이 만들어지고 있어요.

11 다 익은 열매는 동그란 공처럼 생겼어요.

12 씨앗에는 낙하산처럼 생긴 털이 있어서 바람에 잘 날아가지요.

살펴보아요!

돌기가 있어요. **민들레**

돌기가 없어요. **산민들레**

조각들이 뒤로 젖혀져요. **서양민들레**

흰민들레

민들레의 종류

민들레는 꽃송이 밑을 받치고 있는 작은 조각을 보고 종류를 구분해요. **민들레**는 작은 조각 끝에 뿔 같은 돌기가 있는데 **산민들레**는 뿔 같은 돌기가 없어요. 우리가 가장 흔히 볼 수 있는 **서양민들레**는 작은 조각들이 모두 밑으로 젖혀져서 구분이 되지요. 그리고 흰색 꽃이 피는 **흰민들레**도 볼 수 있어요.

관련 교과 2-1 봄 〈2. 봄이 오면〉 / 6-1 과학 〈4. 식물의 구조와 기능〉

봄에 산에서 피는 풀꽃

뒷동산 양지쪽 봄 햇살이 내려앉는 곳에는
몽실몽실 부풀어 오른 꽃망울이 벌어지면서
예쁜 풀꽃이 피어납니다. 노란 솜방망이 꽃도 피어나고
솜털을 뒤집어 쓴 할미꽃도 다소곳이 고개를 숙이며 올라옵니다.
가까운 산으로 올라가 귀여운 풀꽃을 만나 보세요.
꽃의 이름을 찾아보고 모양과 색깔을 관찰해 보세요.

초롱초롱 많이 달렸어요!

초롱꽃
가지에 초롱 모양의 꽃이 매달려요.

애기풀
자주색 꽃은 나비처럼 양쪽에 2장의 날개가 있어요.

피나물
큼직한 노란색 꽃은 꽃잎이 4장이에요. 줄기를 자르면 피 같은 붉은색 즙이 나와요.

현호색
기다란 연보라색 꽃이 옆을 보고 피지요.

꽃덮개

반하
꽃이 초록색 꽃덮개 속에 숨어서 피어요.

달랑달랑 방울 소리가 나는 것 같아~

은방울꽃
은방울 모양의 흰색 꽃이 조롱조롱 매달려요.

노루귀
꽃줄기 끝에 흰색, 붉은색, 보라색 꽃이 피어요.

꽃뿔

해가 지면 추워서 다시 꽃잎을 오므려요.

1개의 꽃

엉겅퀴

엉겅퀴 꽃을 잘라 보면 작고 길쭉한 꽃이 촘촘히 모여 있는 것을 볼 수 있어요. 이처럼 엉겅퀴는 수없이 많은 작은 꽃이 모여서 이루어진 꽃송이입니다.

꽃을 자른 단면

매발톱꽃
꽃 뒤에 매의 발톱 같은 꽃뿔이 모여 있어요.

얼레지
붉은색 꽃잎은 뒤로 활짝 젖혀져요.

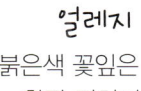

참꽃마리
연보라색 또는 연분홍색 꽃이 모여 피어요.

고들빼기
노란색 꽃송이는 동전처럼 동글납작해요.

할미꽃
적자색 꽃은 고개를 숙이고 피지요.

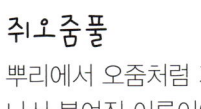

쥐오줌풀
뿌리에서 오줌처럼 지린내가 나서 붙여진 이름이에요.

솜나물
흰색 꽃잎은 바람개비가 돌아가듯 달려요.

양지꽃
양지쪽에서 잘 자라고 가지 끝마다 노란색 꽃이 피어요.

관련 교과 1-1 봄 〈2. 도란도란 봄 동산〉 / 6-1 과학 〈4. 식물의 구조와 기능〉

봄에 공원에서 피는 나무꽃

보슬보슬 봄비가 나무를 적시면 가지마다 꽃망울이
부풀어 오르면서 나무 가득 꽃이 피어납니다.
노란 개나리꽃도 하얀 백목련 꽃도 눈부시게 피어납니다.
공원으로 나가서 봄을 맞이하는 나무꽃들을 만나 보세요.
아름다운 꽃의 모양과 색깔을 관찰하고 꽃향기도 맡아 보세요.

자목련
진한 자주색 꽃잎은
활짝 벌어지지 않아요.

큼직한 꽃을 보고
옛날 사람들은 '꽃 중의 왕'
이라고 불렀대요.

모과나무
분홍색 꽃이 필 때
잎도 함께 나와요.

튤립나무
연노란색 꽃은
모양이 튤립을
닮았어요.

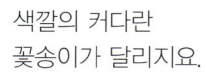

모란
가지마다 여러 가지
색깔의 커다란
꽃송이가 달리지요.

오동나무
자주색 종 모양의 꽃들이
옆을 보고 피어요.

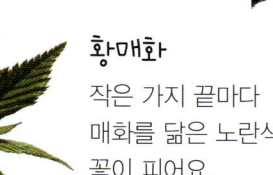

황매화
작은 가지 끝마다
매화를 닮은 노란색
꽃이 피어요.

개나리
가지 가득 나리꽃을
닮은 노란색 꽃이
피어요.

관련 교과 1–1 봄 〈2. 도란도란 봄 동산〉 / 6–1 과학 〈4. 식물의 구조와 기능〉

봄에 산에서 피는 나무꽃

산골짜기에 시냇물이 졸졸졸 흐르면 겨우내 잠들어 있던
나뭇가지에 하나 둘 꽃망울이 터지기 시작합니다.
생강나무는 노란색 꽃을 가지 가득 피우고,
진달래는 붉은색 꽃망울을 터뜨리지요.
가까운 산으로 올라가 나무꽃을 만나 보세요.
꽃의 이름을 찾아보고 모양과 색깔도 관찰해 보세요.

아까시나무
흰색 꽃송이가 밑으로 늘어져요. 꽃잎은 먹을 수 있어요.

일본잎갈나무
연노란색 꽃이 피면 노란 꽃가루가 날려요.

갯버들
강아지 꼬리를 닮은 꽃이삭이 나무 가득 달려요.

꽃이 족제비 색깔과 비슷하고 싸리를 닮았어요.

꽃마다 노란 꽃가루가 잔뜩 들었어요.

족제비싸리
진한 보라색 꽃이 이삭처럼 촘촘히 달려요.

쪽동백나무
흰색 꽃송이가 보기 좋아 공원에도 심어요.

소나무
연노란색 꽃송이에서는 노란 꽃가루가 날려요.

찔레꽃
흰색 꽃이 여러 개씩 모여 피는데 향기가 좋아요.

함박꽃나무
커다란 흰색 꽃 가운데에 붉은색 수술을 보고 곤충이 모여 들지요.

느릅나무
잎이 돋기 전에 작은 적갈색 꽃이 촘촘히 모여 피어요.

붉은병꽃나무
깔대기 모양의 붉은색 꽃이 바람에 흔들리면 종소리가 들릴 것만 같아요.

호랑버들
둥근 타원형의 노란색 꽃이삭이 달려요.

생강나무
가지 가득 노란색 꽃이 모여 피어요.

살펴보아요!

생강나무와 산수유 구분하기

산에서 자라는 **생강나무**와 마을에서 기르는 **산수유**는 잎이 돋기 전에 나무 가득 노란색 꽃이 피기 때문에 둘을 구분하기가 쉽지 않아요.

생강나무는 짧은 자루에 6장의 꽃잎을 가진 꽃이 촘촘히 모여 피어요.

산수유는 가늘고 긴 자루에 달린 4장의 꽃잎이 뒤로 젖혀지는 것이 특징이에요.

진달래
분홍색 꽃이 핀 후에 잎이 나와요. 꽃잎으로 음식을 만들어 먹어요.

조팝나무
봄이면 가느다란 가지는 흰색 꽃방망이로 변해요.

철쭉
연분홍색 꽃이 필 때 잎도 함께 나와요.

관련 교과 2-1 봄 〈2. 봄이 오면〉 / 4-1 과학 〈3. 식물의 한살이〉

소나무의 일생

크게 자라는 소나무도 처음에는 작은 씨앗에서 시작됩니다. 씨앗에 조그만 싹이 트고 해마다 조금씩 자라면서 나중에는 키가 큰 나무가 되지요. 소나무가 어린 새싹에서 큰 나무가 되고 꽃이 핀 후에 열매를 맺기까지의 과정을 살펴보세요.

새싹을 키워 낸 씨앗 껍질이에요.

1 씨앗에서 싹이 튼 새싹은 바늘 모양의 잎이 많아요.

2 새싹이 일 년 동안 자라면 크기는 작지만 줄기가 단단한 나무가 되지요.

3 두 해가 지나면 소나무는 조금 더 크게 자라요.

경남 함양의 구송
천연기념물 제358호로 지정된 소나무로 줄기가 9개라서 '구송'이라고 불러요.

푸른 잎이 눈 이불을 덮었어요.

4 해가 지날수록 줄기에서 가지가 많이 갈라지며 자라요.

5 소나무는 푸른 바늘잎을 단 채로 겨울을 나요.

6 수백 년이 지나면 소나무는 높고 크게 자라요.

꽃에서 열매까지

봄이 오면 새로 자란 가지에 수꽃이 다닥다닥 달려요.

가지 끝에는 동그란 암꽃이 피어요. 소나무는 암꽃과 수꽃이 따로 피지요.

암꽃은 시간이 지나면 작은 솔방울열매로 변해요.

어린 솔방울열매의 겉면은 우툴두툴해요.

어린 솔방울열매는 자라면서 녹색으로 변해요.

가을에 솔방울열매가 갈색으로 익으면 조각조각 벌어지면서 씨앗이 나와요.

씨앗은 한쪽에 기다란 날개가 있어서 바람에 날아가기 쉬워요.

누가 멀리 솔 씨앗을 날리는지 내기해 봐요.

관련 교과 2-1 봄 〈2. 봄이 오면〉 / 4-1 과학 〈3. 식물의 한살이〉

화단과 공원에 있는 새싹

따뜻한 봄이 오면 새싹이 땅을 헤집고 힘차게
솟아 오릅니다. 씨앗에서 싹이 튼 새싹에
처음 달리는 잎은 '떡잎'이라고 하고,
그 다음에 나오는 잎은 '본잎'이라고 해요.
떡잎과 본잎이 함께 달린 새싹을 찾아보세요.
오래된 뿌리에서 나오는 새싹은 떡잎이 없어요.
그리고 뿌리의 양분 때문에 훨씬 빨리 자라지요.

쪽동백나무
떡잎은 동그스름한 모양이에요.

멀구슬나무
새싹은 연두색 본잎이 여러 갈래로 갈라져요.
(시드는 떡잎, 본잎)

단풍나무
떡잎은 길쭉하고 본잎은 잎몸이 갈라져요.

무궁화
떡잎은 모양이 동그스름해요.

홍단풍
떡잎과 본잎이 모두 붉은색이에요.

회양목
떡잎과 본잎은 모두 길쭉한 모양이에요.

원추리
칼 모양의 잎이 양쪽으로 포개져 나와요.

나팔꽃 연두색 떡잎은 잎몸이 둘로 갈라졌어요.

범부채 칼 모양의 잎이 양쪽으로 포개져 나와요.

꽃봉오리

작약 새싹은 붉은색이에요.

금낭화 새잎과 꽃봉오리가 함께 나와요.

내 칼을 받아랏!

비비추 초록색 새싹은 삶아서 물에 우려낸 다음 나물로 먹어요.

쑥 새싹이 단단한 아스팔트를 뚫고 나왔어요. 새싹의 힘은 대단해요.

코스모스 떡잎은 길쭉하고 본잎은 잎몸이 잘게 갈라져요.

21

들에서 볼 수 있는 새싹

관련 교과 1-1 봄 〈2. 도란도란 봄 동산〉 / 4-1 과학 〈3. 식물의 한살이〉

따사로운 햇살이 들에 가득 넘치면 새싹들이 하나 둘 고개를 내밀기 시작합니다. 햇빛 가득한 들로 나가 새싹을 만나 보세요. 양팔을 활짝 벌린 새싹도 있고 고개를 숙인 새싹도 있어요.
새싹의 이름을 알아보고 이름을 모르는 새싹은 표시를 해 놓은 다음 자라는 모습을 살펴보세요.

돌콩
떡잎과 본잎은 모두 타원형이지만 본잎이 훨씬 커요.

돌나물
바위틈이나 돌밭에서도 잘 자라며 통통한 잎줄기를 뜯어서 나물로 먹어요.

안녕하세요~

참나리
어린 새싹을 데쳐서 나물로 먹기도 해요.

오이풀
붉은색 새싹은 고개를 숙이고 나와요.

달개비
새잎이 하나씩 나와요.

머위
새잎은 하트 모양과 비슷해요. 잎이 크게 자라면 쌈을 싸 먹기도 해요.

관련 교과 1-1 봄 〈2. 도란도란 봄 동산〉 / 4-1 과학 〈3. 식물의 한살이〉

밭에서 만나는 농작물의 새싹

봄 들판에 아지랑이가 아롱아롱 피어 오를 때면 논과 밭에는 농사 준비가 한창입니다. 농부가 밭에 뿌린 씨앗은 보슬보슬한 흙을 밀쳐 내고 쏘옥 얼굴을 내밉니다. 여린 새싹을 밟지 않도록 조심하면서 새싹의 모양과 이름을 알아보세요. 새싹이 자라서 꽃이 피고 열매를 맺는 과정도 관찰해 보세요.

해를 향해 기지개를 켜는 것 같아~

더덕
굵은 뿌리에서 덩굴지는 줄기가 잎과 함께 모여나와요.

고구마
뿌리에서 나오는 새잎은 붉은 자주색이에요.

완두콩
처음 나오는 본잎은 잎몸이 하나씩이지만 점차 겹잎이 나와요.

참깨
떡잎은 잎몸이 둥그스름해요.

토란
새잎은 말려 있다가 풀어지면서 나와요.

강낭콩
떡잎은 작으며 본잎은 크고 주름이 져요.

피마자
떡잎은 진한 초록색이고 표면이 반짝거려요.

호박
타원형 떡잎은 튼튼하게 생겼어요.

배추
떡잎은 잎몸 끝이 둘로 갈라져요.

율무
길쭉한 새잎이 하나씩 나와요.

콩
떡잎은 두껍고 진한 초록색이에요.

살펴보아요!

감자
감자는 땅속줄기가 동그랗게 자란 거예요. 감자는 씨앗을 심지 않고 싹이 나온 씨감자를 잘라서 심어요. 씨감자를 심으면 눈에서 싹이 터서 나와 잎이 자랍니다.

어린잎은 잎몸이 갈라지지 않아요.

그 뒤에 나오는 잎은 잎몸이 새의 깃털처럼 갈라져요.

앗! 뜨거!

관련 교과 2-1 봄 〈2. 봄이 오면〉 / 4-1 과학 〈3. 식물의 한살이〉

산에서 볼 수 있는 새싹

가까운 산에 올라가 새싹을 찾아보세요. 새싹이 잘 보이질 않나요? 그럴 때는 낙엽을 살짝 들추어 보세요. 낙엽 이불을 덮고 있던 새싹을 만날 수 있을 거예요. 낙엽에 묶여 힘들어하는 새싹을 만나면 새싹이 다치지 않도록 조심조심 낙엽을 빼 주세요. 그리고 새싹의 이름을 찾아 불러 주세요.

삿갓나물 새싹이 낙엽에 묶여 있어요.

도와 주세요! 숨이 막혀요!

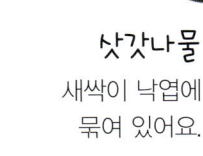

노루오줌 붉은 새싹은 기다란 털로 덮여 있어요.

참취 새싹은 맛있는 산나물이에요.

나비나물 새잎이 나비처럼 2장씩 짝을 지어 나와요.

솜방망이 새싹은 솜털로 잔뜩 덮여 있어요.

새싹이 눈 모자를 썼어요.

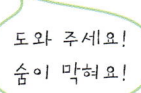

광대수염 새싹이 돋은 뒤에 눈이 내렸어요.

광릉갈퀴 새잎은 둥글게 뭉쳐 있다가 펴져요.

관련 교과 2-1 봄 〈2. 봄이 오면〉 / 4-1 과학 〈3. 식물의 한살이〉

공원에서 자라는 나무의 새순

추운 겨울이 물러나고 따스한 봄바람이 불면 앙상한 나뭇가지에는 삐죽삐죽 새순이 돋습니다. 공원으로 나가서 나뭇가지에 돋는 새순을 만나 보세요. 나무마다 제각기 다른 모양과 색깔의 새순이 돋는 것을 볼 수 있습니다. 새순을 찾아 나무 이름을 알아보고 색깔별로 나누어 보세요.

계수나무
새로 돋는 잎은 붉은 자주색이에요.

벽오동
새순은 물감을 칠한 듯한 빨간색이에요.

화살나무 새순은 '홀잎나물'이라고 해.

라일락
꽃봉오리와 어린잎이 함께 나와요.

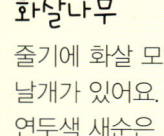

화살나무
줄기에 화살 모양의 날개가 있어요. 연두색 새순은 나물로 먹어요.

일본목련
연두색 새잎은 모여나요.

담쟁이덩굴
새순은 붉은색이에요.

은단풍
붉은색 새잎은 모여나지요.

관련 교과 2-1 봄 〈2. 봄이 오면〉 / 4-1 과학 〈3. 식물의 한살이〉

산에서 자라는 나무의 새순

연둣빛 봄바람이 산을 스치고 지나가면
나무마다 새순이 곰실곰실 눈을 뜨지요.
산에 올라가 나뭇가지에 돋는 새순을 만나 보세요.
파릇파릇한 새순도 찾아보고 알록달록한 꽃눈도 찾아보세요.
새순을 찾아 나무 이름을 알아보고 색깔별로 나누어 보세요.

으름덩굴
어린잎과 함께
꽃봉오리가 나와요.

꽃봉오리

붉나무
붉은색 새순은 삶아서
말렸다가 나물로 먹어요.

흑흑~
헤어지기
싫어요!

신갈나무
새잎이 돋을 때까지
낙엽이 붙어 있기도 해요.

 살펴보아요!

귀룽나무
봄에 돋은 새순이 꽃샘추위를 만나 얼음으로 덮였어요. 하지만 걱정 마세요. 귀룽나무는 얼음 정도는 끄덕없이 견디고 잎을 키워 낸답니다. 오히려 더 무서운 것은 눈이 오지 않고 찬바람만 쌩쌩 부는 추위랍니다.

얼어 죽은
새순

얼음 이불을 덮지 못한
새순은 얼어 죽고 말아요.
하지만 그 옆에서 다른
새순이 돋아서 잎으로
자라지요.

꽃봉오리

아까시나무
어린잎과 함께
꽃봉오리가 나와요.

여름

사람주나무의 열매 단면

여름이 되면

뜨거운 햇볕을 받고 식물들이
무럭무럭 자라지요.
들과 산의 나뭇잎은 녹색이 짙어지고
꽃이 피는 풀들도 많지요.
봄에 꽃이 피었던 나무에서는
열매가 자라지요.
모두 들과 산으로 나가 푸르름을
자랑하는 나무와 풀들을 만나 볼까요!

여름 햇빛을 받고
층층나무의 잎이 무성해졌어요.

나뭇잎이 푸르른
산으로 가자!

양지바른
개울가에는 참나리가
활짝 피었어요.

← 우거진 숲 사이로 시냇물이 흘러내려요.

← 쇠물푸레의 열매가 자라기 시작해요.

← 해바라기가 꽃밭 가득 활짝 피었어요.

들의 뱀딸기 열매 →

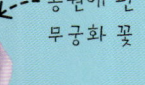

← 공원에 핀 무궁화 꽃

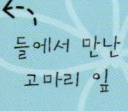

← 들에서 만난 고마리 잎

관련 교과　2-1 여름 〈2. 초록이의 여름 여행〉 / 6-1 과학 〈4. 식물의 구조와 기능〉

여름에 꽃이 피는 화초

여름이 되면 학교 앞 화단의 봉숭아는 붉은색 꽃망울을
터뜨리고, 노란 해바라기 꽃은 해님을 바라보며 빙그레 웃지요.
여름철 화단이나 공원의 꽃밭에서 피는 화초를 만나
이름을 찾아보세요. 꽃의 모양이나 색깔을 알아보고
꽃향기도 맡아 보세요.

무늬를 보고 곤충이 찾아와요.

나팔꽃
나팔 모양의 꽃이
피는데 색깔은
여러 가지예요.

달리아
가지 끝에 탐스런 꽃송이가
달리는데 색깔은 여러 가지예요.

루드베키아
노란색 꽃잎 안쪽에 자갈색 무늬가
있는 꽃도 있고 꽃잎이 여러 겹인
꽃도 있어요.

자장면 시키신 분~!
예쁜 접시에 담아
왔어요.

접시꽃
접시 모양의 큼직한
꽃이 옆을 보고
피어요.

송엽국
바늘 모양의 잎은 통통하고
국화를 닮은 꽃이 피어요.

페튜니아
나팔 모양의 꽃이
여름내 피고 지어요.
꽃 색깔은 여러 가지예요.

맨드라미
붉은색 꽃송이는 수탉 머리의 볏을 닮았어요.

칸나
붉은색이나 노란색 꽃잎은 크기와 모양이 여러 가지예요.

해바라기
해를 닮은 큼직한 노란색 꽃송이가 옆을 보고 피어요.

상사화
잎이 시든 뒤에 꽃이 피어서 꽃과 잎이 서로를 그리워한대요.

봉숭아
꽃이 전설에 나오는 새인 봉황을 닮았대요.

사철베고니아
햇빛을 쬔 잎은 꽃처럼 붉게 변해요.

기생초
노란색 꽃잎 가운데에 진한 적자색 무늬가 있어서 눈에 잘 띄어요.

채송화
여러 색깔의 꽃이 땅바닥에서 하늘을 보고 피어요.

살펴보아요!

백일홍

붉은색 꽃이 백 일이나 핀다고 하여 붙여진 이름이에요. 지금은 여러 가지 색깔의 꽃이 피는 품종이 있지요. 백일홍의 꽃송이를 쪼개 보면 가장자리에 붉은색 꽃잎을 가진 꽃이 빙 둘러 있고, 가운데에는 꽃잎이 없는 대롱 모양의 꽃들이 촘촘히 모여 있는 것을 알 수 있어요. 백일홍은 가장자리 꽃에만 꽃잎을 만들어서 곤충을 불러 모으는 꾀 많은 꽃이에요.

대롱 모양의 꽃

꽃잎이 있는 가장자리 꽃

관련 교과 2-1 여름 〈2. 초록이의 여름 여행〉 / 6-1 과학 〈4. 식물의 구조와 기능〉

여름에 들에서 피는 풀꽃

햇살이 따가운 여름 들판에는 갖가지 풀꽃들이 피어납니다. 밤 이슬을 머금고 피어난 노란 달맞이꽃, 패랭이 모자를 닮은 붉은색 패랭이꽃, 하늘색 꽃이 닭의 볏을 닮은 달개비도 있어요. 들로 나가서 여름에 피는 풀꽃을 만나 보세요. 꽃의 모양과 색깔도 관찰해 보세요.

참나리
뒤로 말리는 황적색 꽃잎 안쪽에 까만 점이 많아요.

달개비
하늘색 꽃이 닭의 볏을 닮았어요.

수염가래꽃
연분홍색 꽃은 모양이 코 밑에 붙이는 수염을 닮았어요.

매듭풀
나비 모양의 붉은색 꽃은 크기가 아주 작아서 눈을 크게 떠야 찾을 수 있어요.

까치수영
꼬리 모양의 꽃송이에 흰색 꽃이 촘촘히 모여 피어요.

나는 '꽃꼬리풀' 이라고도 해.

패랭이꽃
붉은색 꽃은 모양이 옛날 사람들이 쓰던 모자인 패랭이를 닮았어요.

층층이꽃
홍자색 꽃이 층층이 피어서 붙여진 이름이에요.

달맞이꽃
노란색 꽃이 밤에 피었다가 아침이면 시들기 때문에 붙여진 이름이에요.

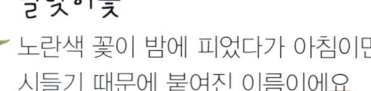

관련 교과 2-1 여름 〈2. 초록이의 여름 여행〉 / 6-1 과학 〈4. 식물의 구조와 기능〉

여름에 산에서 피는 풀꽃

여름이 한창인 산의 풀밭이나 숲 가에는 여름 풀꽃이 아름답게 피어납니다. 풀꽃들은 여러 가지 색깔과 향기로 곤충들을 찾아오게 만들지요.
가까운 산으로 올라가 여름에 피는 풀꽃들을 만나 보세요. 꽃의 이름을 찾아보고 모양과 색깔도 관찰해 보세요.

좁쌀풀
줄기 끝에 노란색 꽃이 촘촘히 모여 달려요.

금불초
가지마다 노란색 꽃송이가 하늘을 보고 피어요.

댕~ 댕~

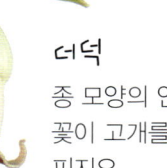

더덕
종 모양의 연녹색 꽃이 고개를 숙이고 피지요.

물레나물
노란색 꽃잎은 물레바퀴가 도는 모양이에요.

짚신나물
자잘한 노란색 꽃이 모여 피어요.

붓꽃
자주색 꽃잎 안쪽에 그물 무늬가 있어요.

꽃창포
붉은 자주색 꽃잎 안쪽에 노란색 무늬가 있어요.

모시대
종 모양의 청자색 꽃이 고개를 숙이고 피어요.

진범
오리 모양의 자주색 꽃이 모여 피어요.

꽥~꽥!

투구꽃
보라색 꽃은 모양이 투구를 닮았어요.

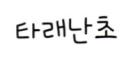

물봉선
홍자색 꽃은 뒷부분이 태엽처럼 안쪽으로 말려요.

타래난초
실타래처럼 꼬이는 꽃이삭에 분홍색 꽃이 피어 올라가요.

원추리
나팔 모양의 노란색 꽃이 옆을 보고 피어요.

하늘말나리
여러 개의 황적색 꽃이 하늘을 보고 피지요.

살펴보아요!

동자꽃 이야기

동자꽃이 많이 자라는 강원도 깊은 산속에는 다음과 같은 이야기가 전해져 옵니다. 깊은 산속의 조그만 절에 스님과 어린 동자가 살고 있었습니다. 추운 겨울이 다가오자 스님은 동자를 남겨 두고 겨울 식량을 구하러 마을로 내려갔는데 갑자기 많은 눈이 내리는 바람에 절로 돌아갈 수 없었습니다. 절에 남겨진 동자는 매일 산 아래를 내려 보다가 그만 굶어 죽고 말았습니다. 눈이 녹은 후에 돌아온 스님은 슬퍼하며 동자를 양지바른 곳에 묻어 주었습니다.
이듬해 동자의 무덤 주위에는 동자 얼굴처럼 해맑은 꽃이 피어났는데 모두 산 아래를 보고 피는 것이었습니다. 스님은 동자를 생각하며 이 꽃을 **동자꽃**이라고 불렀습니다.

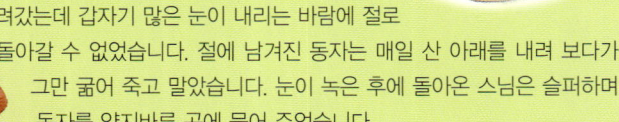

관련 교과 2-1 여름 〈2. 초록이의 여름 여행〉 / 6-1 과학 〈4. 식물의 구조와 기능〉

여름에 공원에서 피는 나무꽃

'매앰 매앰' 매미 소리가 시원하게 울리는 공원에는
수국 꽃이 풍성하게 피어나고, 커다란 회화나무 가지에 핀
연노란색 꽃송이는 진한 꽃향기를 풍기지요.
공원으로 나가 여름에 꽃이 피는 나무를 만나 이름을 찾아보세요.
꽃의 모양이나 색깔을 알아보고 꽃향기도 맡아 보세요.

배롱나무
붉은색 꽃잎은
주름이 져요.

태산목
큼직한 흰색 꽃은
향기가 진해요.

석류
붉은색 꽃이 몇 개씩
모여 피어요.

백정화
작은 흰색 꽃이 1~2개씩
모여 피어요.

치자나무
흰색 꽃은 점차
누런색으로
변해요.

멍~멍!

살펴보아요!

사철나무

사철나무는 잎이 사계절 내내 푸르러서 붙여진 이름이에요. 사철나무의 꽃송이를 보면 꽃자루 끝에 피는 한 송이 꽃 밑에서 양쪽으로 새로운 꽃자루가 나와 그 끝에 꽃이 피는 일이 반복되는데 이것을 **꽃차례**라고 해요. 식물은 제각각 독특한 꽃차례를 가지고 있어요.

자귀나무
술 모양의 분홍색 꽃이 모여 피어요.

개오동
연노란색 꽃잎 안쪽에는 자갈색의 얼룩무늬가 있어요.

능소화
나팔 모양의 주홍색 꽃이 모여 달려요.

수국
가지 끝에 공처럼 둥근 꽃송이가 달려요.

협죽도
붉은색 꽃잎이 선풍기 날개와 비슷해요.

대추나무
황록색 꽃은 작아서 눈에 잘 띄지 않아요.

망종화
가지에 노란색 꽃이 모여 피어요.

쥐똥나무
흰색 꽃송이에 작은 꽃이 모여 달려요.

담쟁이덩굴
작은 황록색 꽃잎은 금방 떨어져 나가요.

장미
봄부터 피기 시작한 꽃은 여름에 더욱 많이 피지요.

관련 교과 1-2 겨울 〈1. 여기는 우리나라〉 / 6-1 과학 〈4. 식물의 구조와 기능〉

나라꽃 무궁화

무궁화는 우리나라 꽃으로 전국 어디서나 널리 심어 기르고 있습니다. 무궁화의 꽃 한 송이는 아침에 피었다가 오후에는 꽃잎을 말아 닫고 지는 하루살이 꽃이에요. 하지만 수많은 꽃송이가 피고 지기를 반복하며 여름 내내 나무에 꽃이 달려 있지요. 여러분은 나라꽃 무궁화를 자세히 살펴본 적이 있나요? 봄부터 겨울까지 사계절 동안 무궁화의 모습을 함께 살펴보아요.

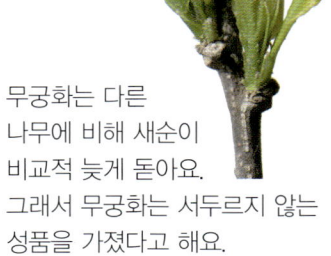

무궁화는 다른 나무에 비해 새순이 비교적 늦게 돋아요. 그래서 무궁화는 서두르지 않는 성품을 가졌다고 해요.

꽃봉오리는 가지 아래쪽에 있는 것부터 크게 자라요.

꽃봉오리는 꽃잎이 태엽처럼 말려 있다가 풀어지면서 꽃이 피어요.

5장의 분홍색 꽃잎 안쪽에는 붉은색 무늬가 있어 더욱 아름다워요. 붉은색 무늬는 '단심'이라고 해요.

시든 꽃 / 꽃봉오리

하루밖에 못 피어 있네. 슬퍼~

활짝 피었던 꽃은 저녁이 되면 꽃잎을 말아 닫고 질 준비를 해요. 하지만 이 하루살이 꽃 곁에는 다시 피어날 새 꽃봉오리가 준비되어 있어요.

달걀 모양의 열매는 황갈색으로 익기 시작하지요.

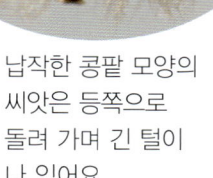

납작한 콩팥 모양의 씨앗은 등쪽으로 돌려 가며 긴 털이 나 있어요.

무궁화의 품종

무궁화는 꽃의 모양과 색깔이 다른 품종이 많이 있어요.
품종에 따라 꽃 모양이나 색깔이 어떻게 다른지 살펴보세요.

자선
꽃잎 안쪽에 작은 꽃잎이
여러 겹으로 겹쳐 있어요.

영광
꽃은 연한 자주색이며
큼직해서 보기에 시원해요.

파랑새
꽃잎은 연한 남색이고
활짝 벌어져요.

새한
흰색의 꽃잎이 여러 겹인
겹꽃이에요.

옥녀
흰색 꽃이 옥처럼
깨끗한 여인을 닮아서
붙여진 이름이에요.

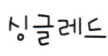

싱글레드
꽃은 붉은 자주색이며
활짝 피면 꽃잎이 뒤로
젖혀지기도 해요.

관련 교과 2-1 여름 〈2. 초록이의 여름 여행〉 / 6-1 과학 〈4. 식물의 구조와 기능〉

여름에 산에서 피는 나무꽃

본격적인 무더위가 시작되면 숲은 진한 초록색으로 바뀌지요. 진초록 숲 속에서는 산수국이 큼직한 꽃송이를 가지 끝에 매달고, 숲 가장자리에는 나무를 휘감은 칡덩굴 사이에서 붉은색 칡꽃이 향기를 내뿜습니다.
가까운 산으로 올라가 여름에 피는 나무꽃을 만나 보세요. 꽃의 모양과 색깔도 관찰해 보세요.

종덩굴
종 모양의 자주색 꽃이 바람에 흔들리면 종소리가 들리는 듯해요.

싸리
나비 모양의 붉은색 꽃이 모여 피어요.

붉나무
커다란 꽃송이에 작은 황백색 꽃이 모여 달려요.

노각나무
흰색 꽃잎은 가장자리가 물결 모양으로 주름이 져요.

계요등
원통 모양의 꽃잎 안쪽에 자주색 무늬가 있어요.

칡
커다란 꽃송이에 모여 피는 나비 모양의 붉은색 꽃은 향기가 진해요.

꼬리조팝나무
가지 끝에 커다란 분홍색 꽃송이가 달려요.

관련 교과 2-1 여름 〈2. 초록이의 여름 여행〉 / 6-1 과학 〈4. 식물의 구조와 기능〉

열매를 이용하는 채소

사람들은 신선한 음식을 먹기 위해 채소를 심어 길러요.
교재원이나 밭으로 나가서 채소가 자라는 모습을
관찰해 보세요. 맛있는 열매가 열리는 채소를 찾아보고
열매를 어떻게 이용하는지 알아보세요.
열매의 모양을 살펴보고 열매를 잘라 속의 모습도
살펴보세요. 칼을 사용할 때는 조심해서 사용하세요.

가지
검은 자주색으로 익는 길쭉한
열매는 반찬을 만들어 먹어요.

딸기
붉은색으로 익는 열매는
보통 날로 먹으며
잼을 만들기도 해요.

고추
기다란 열매는
매운 맛이 있으며
양념으로 이용하지요.

수박
진한 녹색 줄무늬가 있는
둥근 열매는 날로 먹어요.

멜론
둥근 열매는 수박과
비슷하지만 열매의
속 모양이나 맛은
참외와 비슷해요.

참외
타원형 열매는 노란색으로 익으며 날로 먹지요.

방울토마토

토마토
붉은색으로 익는 열매는 날로 먹거나 케첩을 만들어 먹지요. 딸기보다 약간 작은 열매가 열리는 것은 '방울토마토'라고 해요.

애호박

늙은 호박 단면

호박
어린 열매는 호박고지나 반찬으로 만들어 먹고 익은 열매는 호박범벅 등으로 이용하지요.

오이
열매를 반찬으로 먹는데 향기가 좋아요.

악! 매워~ 파프리카인 줄 알았는데 피망이네!

미니 파프리카

파프리카
고추와 가까운 식물로 열매는 단맛이 나고 아삭아삭 씹히는 맛이 좋아서 날로 먹어요. 크기가 작은 것은 '미니 파프리카'라고 해요.

피망
파프리카보다는 약간 매운 맛이 나고 열매살이 조금 질긴 것을 '피망'이라고 하지만 파프리카와 같은 품종이에요.

관련 교과 2-1 여름 〈2. 초록이의 여름 여행〉

잎줄기나 뿌리를 이용하는 채소

밭에서 기르는 채소 중에는 잎이나 줄기, 뿌리를 먹기 위해 기르는 것이 많아요.
교재원이나 밭으로 나가 잎줄기를 이용하는 채소와 뿌리를 이용하는 채소가 자라는 모습을 관찰해 보세요.

양상추

상추
상추 잎은 채소로 이용하는데 보통 쌈을 싸 먹어요. 배추처럼 잎이 포개지는 것은 '양상추'라고 해요.

배추
뿌리에 모여나는 잎을 채소로 먹지요. 잎은 촘촘히 포개져서 포기를 이루어요.

쑥갓
향긋한 냄새가 나는 어린순을 채소로 먹어요.

시금치
세모꼴의 뿌리잎을 채소로 먹어요.

파
잎은 특이한 냄새가 있어 양념으로 쓰이지요.

아욱
연한 잎줄기를 채소로 먹어요.

부추
가늘고 긴 잎을 채소로 먹어요.

감자 꽃

감자
땅속에서 자란 감자는 굽거나 쪄서 먹으며 온갖 음식 재료로 이용하지요.

고구마
땅속에서 크게 자란 고구마는 굽거나 쪄서 먹어요. 어린 잎줄기는 채소로 먹어요.

무꽃

무
둥근 기둥 모양으로 굵어지는 뿌리와 연한 잎을 채소로 먹어요.

당근
붉은색 뿌리는 '홍당무' 라고도 하며 반찬을 만들어 먹어요.

비가 오면 우산 대신 써도 돼~

양파 꽃

양파
땅속의 동그란 비늘줄기를 양념으로 이용해요.

토란
잎은 방패처럼 생겼어요. 땅속에 있는 덩이줄기로 국을 끓여 먹어요.

관련 교과 2-1 여름 〈2. 초록이의 여름 여행〉 / 6-1 과학 〈4. 식물의 구조와 기능〉

여름에 공원에서 볼 수 있는 나무 열매

봄에 꽃이 핀 나무들은 여름 햇볕을 받으면서 부지런히 열매를 키워 가지요.
재빠른 친구들은 여름이면 벌써 열매가 익고 씨앗이 여물어요.
하지만 아직도 푸른 열매를 달고 있는 친구들도 많답니다.
공원으로 나가서 나무 열매를 찾아보세요.
익은 열매와 익지 않은 열매로 나누어 보세요.

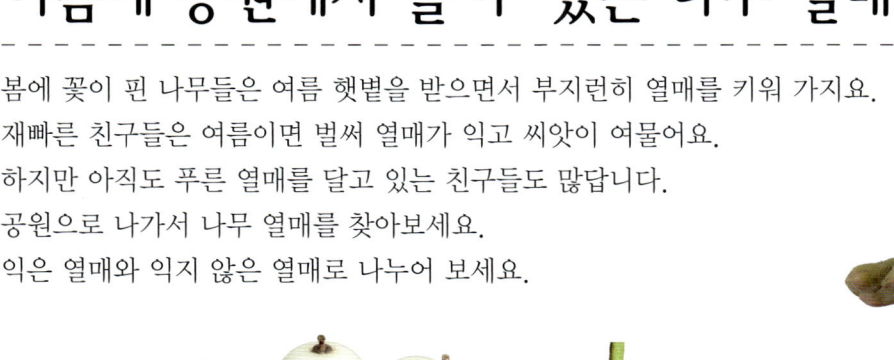

목련
기다란 열매는 울퉁불퉁
튀어나와요.

흰말채나무
동그란 열매는
흰색으로 익어요.

회화나무
기다란 꼬투리
열매는 모양이
올록볼록해요.

양버즘나무
방울 모양의 열매가
매달려요.

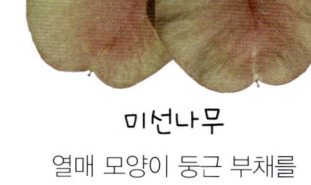

미선나무
열매 모양이 둥근 부채를
닮았어요.

대롱대롱~
귀여워~

살펴보아요!

벽오동
벽오동은 어린 열매가 세로로 갈라지면서 씨앗이
드러나요. 어린 씨앗은 갈라진 열매껍질 가장자리에
붙은 채로 비바람을 맞고 열매와 함께 자라면서
익어 가지요.

튤립나무
기다란 원뿔 모양의
열매가 열려요.

관련 교과 2-1 여름 〈2. 초록이의 여름 여행〉 / 6-1 과학 〈4. 식물의 구조와 기능〉

여름에 산에서 볼 수 있는 나무 열매

여름 산에 오르면 숲 가장자리에서 붉게 익은 산딸기 열매를 만날 수 있어요. 탐스러운 산딸기 열매를 따서 입속에 넣으면 새콤달콤한 맛이 입안 가득 퍼지지요.
가까운 산으로 가서 나무 열매를 찾아보세요. 열매의 모양을 살펴보고 익은 열매와 익지 않은 열매로 나누어 보세요.

귀룽나무
초여름에 검게 익는 열매는 먹을 수 있지만 약간 쓴맛이 나요.

가죽나무
기다란 날개 모양의 열매가 많이 열려요.

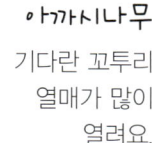

아까시나무
기다란 꼬투리 열매가 많이 열려요.

산딸기
초여름에 붉게 익는 열매는 단맛이 나며 먹을 수 있어요.

미역줄나무
열매마다 3장의 날개가 있어요.

산돌배
작은 배 모양의 열매가 열려요.

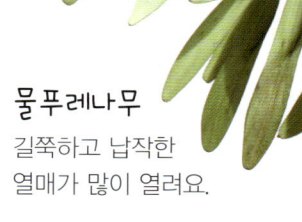

물푸레나무
길쭉하고 납작한 열매가 많이 열려요.

으름덩굴
소시지 모양의 열매가 매달려요.
잘 익은 열매 속살은 바나나 맛이 나요.

뽕나무
열매인 오디는 초여름에 검게 익는데
먹으면 방귀를 뽕뽕 뀌어요.

실례!

딱총나무
작고 동그란 열매는 여름에
빨갛게 익어요.

산사나무
동그란 열매 끝에는 꽃이
핀 자국이 남아 있어요.

소태나무
작고 동그란 열매는
몇 개씩 모여 달려요.

병꽃나무
기다란 병 모양의
열매가 열려요.

열매는 너무
떫어서 먹기가
힘들어요.

콩배나무
콩알처럼 작은 배 모양의
열매가 열려요.

청미래덩굴
동그란 열매가 모여 달려요.
잘 익은 열매는 먹을 수 있는데
푸석거리고 텁텁한 맛이에요.

관련 교과 2-1 여름 〈2. 초록이의 여름 여행〉 / 6-1 과학 〈4. 식물의 구조와 기능〉

여름에 볼 수 있는 들풀 열매

이른 봄부터 들을 수놓던 풀꽃들은 하나 둘 열매를
맺기 시작합니다. 초여름이면 벌써 열매가 다 익어서
열매껍질만 남은 풀도 있고 아직 익지 않은 열매도 있어요.
열매의 모양과 색깔을 살펴보세요.
뱀딸기 열매를 찾아서 입으로 살짝 베어 물어 보세요.

뱀딸기
열매는 붉게 익는데
맛이 좋지 못해요.

제비꽃
열매는 3갈래로 갈라지면서
씨앗이 드러나요.

말냉이
열매는 동글납작하고
초여름에 익어요.

냉이
열매는
세모꼴이에요.

꽃다지
긴 타원형 열매는
초여름에 익어요.

열매가 개의 불알을 닮았대요.

큰개불알풀
열매는 가운데가
오목하게 들어가요.

소리쟁이
열매는 가장자리에
날개가 있어요.

수영
열매에는 납작한
날개가 있어요.

토끼풀
열매는 꽃송이
모양 그대로예요.

말똥비름
열매는 별 모양이에요.

애기똥풀
길쭉한 열매는 익으면 세로로 갈라져요.

괭이밥
열매를 누르면 씨앗이 튕겨 나가요.

달맞이장구채
열매는 꽈리처럼 생겼어요.

개자리
열매에는 가시가 있어서 잘 달라붙어요.

봄맞이
동그란 열매는 5장의 꽃받침 위에 있어요.

흑삼릉
열매는 도깨비방망이 모양이에요.

잔개자리
주름이 있는 열매가 촘촘히 모여 달려요.

꿀풀
여름이면 열매가 다 익고 잎은 말라 죽어요.

관련 교과 2-1 여름 〈2. 초록이의 여름 여행〉 / 6-1 과학 〈4. 식물의 구조와 기능〉

여름에 볼 수 있는 산풀 열매

양지바른 산기슭에서는 할머니 머리 모양을 닮은 할미꽃 열매가 바람에 씨앗을 날릴 준비를 하고, 우거진 숲 속에서는 얼레지 열매가 벌어지면서 씨앗이 나오지요. 여름이면 열매가 다 익은 풀과 아직 열매가 익지 않은 풀을 구분해 보세요. 열매의 모양과 색깔을 살펴보세요. 씨앗이 바람에 날리는 열매도 모두 찾아보세요.

할미꽃
열매는 할머니의 머리 모양을 닮았어요.

골무꽃
열매가 바느질할 때 쓰는 골무를 닮았어요.

산자고
세모진 열매는 끝이 뾰족하고 여름에 익어요.

피나물
기다란 뿔 모양의 열매는 여름에 익어요.

잔디처럼 땅바닥에 깔려서 자라는 아기처럼 작은 풀이에요.

애기풀
동글납작한 열매는 양쪽에 날개가 있어요.

열매

괭이눈
여름에 열매가 익으면 2갈래로 가늘게 갈라지는 것이 고양이 눈처럼 보여요.

엉겅퀴
열매가 익으면 털이 달린 씨앗이 바람에 퍼져요.

솜방망이
열매는 둥근 공 모양이에요.

붓꽃
길쭉한 열매는 세모졌어요.

동의나물
뾰족한 열매가 빙 둘러나요.

큰뱀무
타원형의 열매는 가시 같은 긴 털로 빽빽이 덮여 있어요.

얼레지
열매는 세모지고 초여름에 익어요.

하늘매발톱
원통 모양의 열매는 5개의 골이 지고 여름에 익어요.

골

둥굴레
콩알만한 둥근 열매는 늦여름에 익기 시작해요.

앵초
꽃받침에 싸인 열매는 여름에 익어요.

관련 교과 2-1 여름 〈2. 초록이의 여름 여행〉 / 6-1 과학 〈4. 식물의 구조와 기능〉

어린 열매 단면

뜨거운 햇볕을 쬐면서 커 가는 열매 속에는 씨앗이 만들어지고 있어요. 어린 열매를 가로로 잘라 보고 세로로도 잘라 보세요. 열매를 자를 때 칼은 조심해서 사용하세요. 열매가 잘린 면의 모양도 살펴보고 속에는 몇 개의 씨앗이 만들어지고 있는지도 살펴보세요.

사람주나무
방 3개 중에서 2개의 방에 만들어진 씨앗 모양이 영화에 나오는 '외계인 ET(이티)'를 닮았어요.

살구나무
열매살 / 씨앗
두꺼운 열매살 가운데에 달걀 모양의 씨앗이 1개예요.

해당화
동그란 열매 가득 씨앗이 들어 있어요.

왕머루
동그란 열매 가운데에 2개의 씨앗이 만들어지고 있어요.

얼레지
열매는 3개의 방으로 나뉘어 있고 방마다 많은 씨앗이 만들어져요.

회나무
2개의 씨앗이 영근 모양이 가면을 쓴 모양이에요.

뱀딸기
둘레에 빨간 씨앗이 다닥다닥 붙었어요.

양버즘나무
가장자리에 돌려 가며
많은 씨앗이 붙어 있어요.

자작나무
세로로 칸칸이
적갈색 씨앗이
들어 있어요.

둥굴레
동그란 열매 한쪽으로만
씨앗이 만들어지고
있어요.

붓순나무
2개의 씨앗이 만들어진 모양이
고양이 얼굴을 닮았어요.

고욤나무
가운데에 2개의 씨앗이
만들어졌어요.

사철나무
동그란 열매 속에 1~4개의
씨앗이 들어 있어요.

야옹~

회양목
세로로 자른 모양은
부엉이를 닮았어요.

벌완두
기다란 꼬투리열매 속에
씨앗이 들어 있어요.

관련 교과 2-1 여름 〈2. 초록이의 여름 여행〉 / 4-2 과학 〈1. 식물의 생활〉 / 6-1 과학 〈4. 식물의 구조와 기능〉

공원에서 만날 수 있는 나뭇잎

나무마다 나뭇잎의 크기나 모양이 다릅니다. 화단이나 공원에서 자라는 나무의 잎을 살펴보고 나무 이름을 알아보세요. 백목련처럼 1장의 잎사귀로 된 잎과 해당화처럼 여러 장의 작은 잎사귀가 모여 달린 잎으로 나누어 보세요. 은단풍처럼 잎몸이 여러 갈래로 깊게 갈라지는 잎과 개나리처럼 잎몸이 갈라지지 않는 잎으로 나눠 볼 수도 있어요. 나뭇가지에 잎이 달리는 모양도 살펴보세요.

백목련
키가 큰 나무로 큼직한 잎몸은 갈라지지 않아요.

단풍이 들 때면 잎에서 솜사탕 냄새가 나요.

계수나무
키가 큰 나무로 하트 모양의 잎몸은 갈라지지 않아요.

은행나무
키가 큰 나무로 부채 모양의 잎몸이 갈라지기도 해요.

왕벚나무
키가 큰 나무로 잎몸이 갈라지지 않아요.

회양목
키가 작은 나무로 작은 잎몸은 두껍고 갈라지지 않아요.

잎은 일정한 각도로 벌어져 햇빛을 고루 받을 수 있어요. 먼저 나온 잎은 잎자루가 길고 뒤에 나온 잎은 잎자루가 짧아 서로 겹치지 않아요.

3갈래로 갈라진 잎몸

개나리
키가 작은 나무로 잎몸이 갈라지지 않아요.

중국단풍
키가 큰 나무로 잎몸이 3갈래로 갈라져요.

무궁화
키가 작은 나무로
잎몸이 3갈래로
얕게 갈라져요.

튤립나무
키가 큰 나무로 잎몸이
4~6갈래로 갈라져요.

칠엽수
키가 큰 나무로 긴 잎자루에
보통 7장의 작은잎이 모여 달려요.
'칠엽수'는 '7장의 작은잎을 가진
나무'란 뜻이에요.

은단풍
키가 큰 나무로 잎몸이
5갈래로 갈라져요.

해당화
키가 작은 나무로 잎은
여러 장의 작은잎이 새의
깃털처럼 마주 달려요.

담쟁이덩굴
덩굴나무로 잎몸이
갈라지기도 해요.

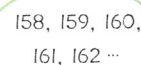
158, 159, 160,
161, 162 …

자귀나무
키가 큰 나무로 잎은
여러 장의 작은잎을 가졌어요.
밤에는 마주 보는 잎끼리
포개져서 잠을 자요.

양버즘나무
키가 큰 나무로 잎몸이
3~7갈래로 갈라져요.

61

관련 교과 2-1 여름 〈2. 초록이의 여름 여행〉 / 4-2 과학 〈1. 식물의 생활〉 / 6-1 과학 〈4. 식물의 구조와 기능〉

산에서 만날 수 있는 나뭇잎

산에는 많은 나무가 모여 숲을 이루고 있습니다.
가까운 산으로 올라가 산에서 자라는 나무의 잎을
살펴보고 나무 이름을 알아보세요.
나뭇잎을 1장의 잎사귀로 된 잎과 여러 장의
작은 잎사귀가 모여 달린 잎으로 나누어 보세요.
잎몸이 여러 갈래로 깊게 갈라지는 잎과
갈라지지 않는 잎도 구분해 볼 수 있어요.
가지에 나뭇잎이 서로 어긋나게 달리는 나무와
나뭇잎이 2장씩 마주 달리는 나무로 나눠 보세요.

조릿대
키가 작은 나무로
잎몸이 갈라지지
않아요. 잎은
서로 어긋나요.

오동나무
키가 큰 나무로 잎몸이 얕게
갈라지기도 해요. 자동차 바퀴만큼
큰 잎도 있어요. 잎은 2장씩 마주나요.

밤나무
키가 큰 나무로
잎몸이 갈라지지 않아요.
잎은 서로 어긋나요.

흰색 무늬를 보고
곤충이 찾아와요.

개다래
덩굴나무로 잎몸이 갈라지지 않아요.
표면에 흰색 무늬가 있어요.
잎은 서로 어긋나요.

산뽕나무
잎몸이 갈라지지 않거나 여러 개로
깊게 갈라지는 잎도 있는 등 잎 모양의
변화가 심해요. 잎은 서로 어긋나요.

어긋난 잎

호랑가시나무
잎 모서리마다 호랑이도 무서워하는 날카로운 가시가 있어요. 잎은 서로 어긋나요.

박쥐나무
잎 모양은 박쥐가 날개를 편 모양과 비슷해요. 잎은 서로 어긋나요.

쪽동백나무
키가 큰 나무로 잎몸이 갈라지지 않아요.
잎은 서로 어긋나요.

신나무
키가 큰 나무로 잎몸이 3갈래로 갈라져요. 잎은 2장씩 마주나요. 잎으로 스님의 옷을 회색으로 물들여요.

청미래덩굴
덩굴나무로 잎몸이 갈라지지 않아요.
잎은 서로 어긋나요.

산사나무
키가 큰 나무로 잎몸이 여러 갈래로 갈라져요. 잎은 서로 어긋나요.

당단풍   마주난 잎
키가 큰 나무로 잎몸이 손바닥처럼 갈라져요. 잎은 2장씩 마주나요.

좋아한다, 안 좋아 한다, 좋아한다…

으름덩굴
덩굴나무로 잎은 5장의 작은잎을 가졌어요.
잎은 서로 어긋나요.

싸리
키가 작은 나무로 잎은 3장의 작은잎을 가졌어요. 잎은 서로 어긋나요.

아까시나무
키가 큰 나무로 잎은 여러 장의 작은잎을 가졌어요. 잎은 서로 어긋나요.

관련 교과 2-1 여름 〈2. 초록이의 여름 여행〉 / 4-2 과학 〈1. 식물의 생활〉 / 6-1 과학 〈4. 식물의 구조와 기능〉

바늘잎을 가진 나무들

나무 중에는 바늘 모양의 잎을 달고 있는 나무가 있어요. 이런 나무를 '바늘잎나무'라고 하는데 종마다 바늘잎의 길이와 모양, 단단함이 조금씩 다르니 비교해 보세요. 바늘잎나무 중에는 작은잎이 고기비늘처럼 포개지는 '비늘잎'을 가진 나무도 있어요. 바늘잎나무를 찾아 바늘잎을 가진 나무와 비늘잎을 가진 나무로 나누어 보세요.

리기다소나무
3개씩 묶여 있는 바늘잎은 약간씩 비틀려요.

소나무
기다란 바늘잎은 2개씩 묶여 있어요. 솔잎은 날로 먹기도 하고 차를 끓여 마시며 송편을 찔 때 밑에 깔기도 해요.

솔잎을 넣으면 송편끼리 들러붙지 않고 솔잎의 은은한 향도 나게 돼~

스트로브잣나무
5개씩 묶여 있는 바늘잎은 길고 가늘어요.

섬잣나무
5개씩 묶여 있는 바늘잎은 짧고 거칠어요.

관련 교과 4-2 과학 〈1. 식물의 생활〉 / 6-1 과학 〈4. 식물의 구조와 기능〉

들에서 만나는 풀잎

풀도 나무처럼 잎의 모양이나 크기가 다릅니다. 들에서 자라는 풀잎을 살펴보고 풀이름을 알아보세요. 풀은 나무보다 종류가 많아서 조금 어렵겠지만 끈기 있게 찾아보세요. 개비름처럼 1장의 잎사귀로 된 잎과 가락지나물처럼 여러 장의 작은 잎사귀가 모여 달린 잎으로 나누어 보세요. 개구리자리처럼 잎몸이 여러 갈래로 갈라지는 잎과 까마중처럼 잎몸이 갈라지지 않는 잎으로 나누어 보세요.

개구리자리
잎몸이 3갈래로 갈라지며 반짝거려요.

환삼덩굴
덩굴풀로 잎몸이 5~7갈래로 갈라져요.

괭이밥
잎은 작은잎이 3장씩 모여 달리며 작은잎은 하트 모양이에요.

살갈퀴
잎은 여러 장의 작은잎이 깃털처럼 마주 달려요.

살펴보아요!

원추리 잎으로 배 만들기

화단에 있는 원추리의 기다란 잎을 잘라서 풀잎 배를 만들어 보세요.

1. 잎을 적당한 길이로 잘라서 점선을 따라 안쪽으로 접어요.

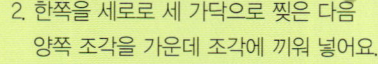

2. 한쪽을 세로로 세 가닥으로 찢은 다음 양쪽 조각을 가운데 조각에 끼워 넣어요.

3. 반대편도 2번과 같은 방법으로 찢어서 끼워 넣으면 풀잎 배가 완성돼요.

※ 다른 잎으로도 여러 가지 물건을 만들어 보세요.

원추리는 기다란 칼 모양의 잎이 2줄로 마주나요.

고마리
잎몸은 밑부분이 화살촉 모양이에요.

붉은토끼풀
잎은 작은잎이 3장씩 모여 달리며 표면에 무늬가 있는 것도 있어요.

둥근잎나팔꽃
덩굴풀로 잎몸이 갈라지지 않으며 하트 모양이에요.

며느리밑씻개
덩굴풀로 세모진 잎은 잎몸이 갈라지지 않아요.

손바닥 모양이야.

개비름
잎몸이 갈라지지 않으며 끝이 오목하게 들어가요. 어린 잎은 나물로 먹어요.

가락지나물
뿌리에서 난 잎은 5장의 작은잎이 손바닥처럼 모여 달려요.

돼지풀
잎몸이 계속해서 잘게 갈라져요.

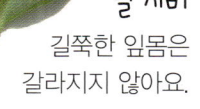

까마중
달걀 모양의 잎몸은 갈라지지 않아요.

달개비
길쭉한 잎몸은 갈라지지 않아요.

민들레
잎몸이 새의 깃털처럼 갈라져요.

질경이
잎은 매우 질기고 잎몸이 갈라지지 않아요.

관련 교과 4-2 과학 〈1. 식물의 생활〉 / 6-1 과학 〈4. 식물의 구조와 기능〉

산에서 만나는 풀잎

가까운 산에서 자라는 풀의 잎을 살펴보고
이름을 알아보세요.
풀잎을 1장의 잎사귀로 된 잎과 여러 장의
작은 잎사귀가 모여 달린 잎으로 나눌 수 있어요.
잎몸이 갈라지는 잎과 갈라지지 않는 잎으로
나누어 보세요. 또 뿌리에서 잎이 모여나는
풀도 찾아보세요.

좀꿩의다리
잎은 여러 장의 작은잎을 가졌어요.

뱀딸기
잎은 3장의 작은잎이 모여 달려요.

노루귀
뿌리에서 모여난 잎은 잎몸이 3갈래로 갈라져요.

무릇
뿌리에서 난 잎은 잎몸이 가늘고 길어요.

잎을 짓이겨서 상처에 대면 피가 멈춘대요.

큰피막이
잎몸은 7갈래로 얕게 갈라져요.

엉겅퀴
잎몸이 새의 깃털처럼 깊게 갈라지고 가시가 있어요.

밀나물
달걀 모양의 잎은 잎몸이 갈라지지 않아요.

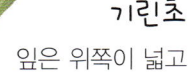

기린초
잎은 위쪽이 넓고 잎몸이 갈라지지 않아요.

잎 뒤쪽으로 피해서 잡아먹히지 않은 곤충

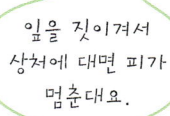

68 여름

배풍등
잎몸은 밑부분에서
2~4갈래로 갈라지기도 해요.

돌단풍
뿌리에서 모여난 잎은 잎몸이
손바닥 모양으로 갈라져요.

피나물
뿌리에서 모여난 잎은
5장의 작은잎을 가졌어요.

애기나리
잎몸은 갈라지지 않고
끝이 길게 뾰족해져요.

산국
잎몸이 새의 깃털처럼
깊게 갈라져요.

꿀풀
달걀 모양의 잎은
잎몸이 갈라지지 않아요.

주걱 모양의 잎에
잡아먹힌 곤충들

끈끈이주걱
습지에서 자라는 끈끈이주걱은
잎 표면의 붉은색 털 끝에
끈끈한 액체가 묻어 있어요.
이 끈끈한 털에 곤충이 붙으면
잎을 오므리면서 곤충을
잡아먹어요.

고추나물
잎몸이 갈라지지 않고
잎 표면에 자잘한
까만 점이 많아요.

잎이 갈라지는데
끝의 작은잎이
가장 커요.

뚝갈
잎은 여러 장의
작은잎으로 갈라져요.

가을

공원의 스트로브잣나무 솔방울열매

가을이 되면

높고 푸른 하늘 아래서
열매는 빨갛게 익어가고
나뭇잎은 울긋불긋 단풍이 들어요.
들판의 곡식이 황금빛으로 익으면
농부들은 부지런히 곡식을 거두지요.
모두 들과 산으로 나가 울긋불긋
물들어가는 나무와 풀들을 만나 볼까요!

공원의 마가목 열매가 빨갛게 익었어요.

들판의 강아지풀은 누렇게 물들었어요.

와~ 단풍잎이다!

↙ 논의 벼가 황금빛으로 물들기 시작했어요.

계곡 물에는 단풍잎과 낙엽이 가득 찼어요.

↙ 산의 풀밭에는 가을 풀꽃이 가득 피었어요.

공원의 화살나무 열매 ↘

← 산의 떡갈나무 단풍잎

화단에 핀 ↙ 코스모스 꽃

관련 교과 1-2 가을 〈2. 현규의 추석〉 / 6-1 과학 〈4. 식물의 구조와 기능〉

가을에 피는 꽃

울긋불긋 단풍이 드는 가을.
가을의 들과 산을 아름답게 수놓는 가을꽃은 여름처럼 많지는 않아요. 화단에는 코스모스와 국화꽃이 피고, 산에는 꽃향유가 진한 향기를 내뿜지요. 들과 산으로 나가 가을에 피는 꽃들을 찾아보고 이름을 불러 주세요.

구절초(산풀)
엄마들이 아기를 낳은 후에 약으로 달여 먹는 풀이에요.

코스모스(화초)
꽃잎은 바람개비 모양이에요.

노랑코스모스(화초)
코스모스를 닮은 노란색이나 주황색 꽃이 피어요.

꽃향유(산풀)
홍자색 꽃이 한쪽으로 모여 달리는데 향기가 좋아요.

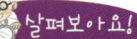 살펴보아요!

국화(화초)
오래전부터 길러 온 대표적인 가을 화초로 꽃의 색깔이나 모양, 크기가 여러 가지예요. 가을이 되면 잘 기른 국화를 보여 주는 국화 전시회가 열리지요. 가을꽃이지만 요즘은 온실에서 길러서 일 년 내내 꽃을 볼 수 있어요.

산국(산풀)
산에서 자라는 국화의 한 종류로 꽃의 크기는 작지만 향기가 진해요.

산부추(산풀)
'산에서 자라는 부추'란 뜻이에요.
홍자색 꽃이 둥글게 모여 달려요.

금목서(관상수)
주황색 꽃이 모여 피지요.

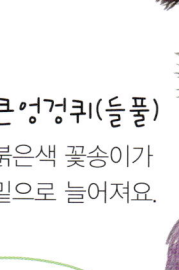

큰엉겅퀴(들풀)
붉은색 꽃송이가
밑으로 늘어져요.

고마리(들풀)
보통 꽃잎 가장자리에만
붉은색이 돌아요.

꽃이 피는 늦가을에는
벌과 나비가 드물어서
파리가 많이 모여요.

팔손이(관상수)
동그란 흰색 꽃송이가
모여 달려요.

수리취(산풀)
갈자색 꽃송이가
옆을 보고 피어요.

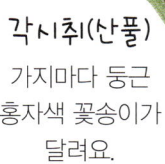

각시취(산풀)
가지마다 둥근
홍자색 꽃송이가
달려요.

과꽃(화초)
여러 색깔의 동그란
꽃송이가 달려요.

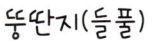

용담(산풀)
종 모양의 자주색
꽃이 모여 피어요.

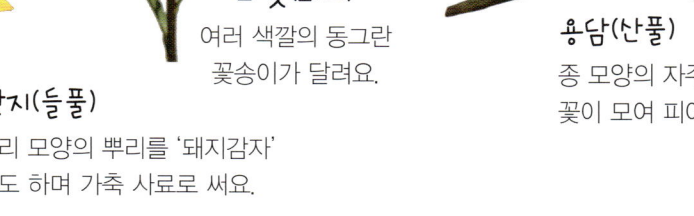

뚱딴지(들풀)
덩어리 모양의 뿌리를 '돼지감자'
라고도 하며 가축 사료로 써요.

관련 교과 2-2 가을 〈2. 가을아 어디 있니〉 / 6-1 과학 〈4. 식물의 구조와 기능〉

가을에 공원에서 볼 수 있는 나무 열매

나뭇잎이 울긋불긋 단풍이 들기 시작할 때면 가지에 매달린 열매도 함께 여물어 갑니다. 공원으로 나가서 알록달록 익어 가는 나무 열매를 찾아서 이름을 알아보세요. 열매를 모은 다음 모양과 색깔을 비교해 보세요. 열매의 크기와 무게도 비교해 보세요.

씨앗

백목련
울퉁불퉁한 열매는 칸칸이 갈라지면서 씨앗이 나와요.

산수유
시고 떫은맛이 나는 열매는 약으로 써요.

남천
붉은색 열매송이는 겨우내 매달려 있어요.

좀작살나무
열매는 보라색으로 아름답게 익어요.

벽오동
열매가 익으면 열매 조각과 씨앗이 함께 바람에 날아가요.

자작나무
열매 이삭은 익으면 조금씩 부서지며 씨앗이 퍼져요.

계수나무
기다란 열매는 무더기로 모여 달려요.

산딸나무
붉게 익는 딸기 모양의 열매는 먹을 수 있어요.

꽝꽝나무
작고 동그란 열매는 검게 익어요. 잎가지를 불에 넣으면 '꽝꽝' 소리를 내며 타요.

자귀나무
꼬투리열매는 겨울까지 나무에 매달려 있어요.

튤립나무
타원형 열매는 익으면 조각조각 벌어져요.

꽃사과
열매는 작지만 사과처럼 빨갛게 익어요.

쥐똥나무
열매의 모양이 쥐똥을 닮았대요.

사철나무
동그란 열매는 익으면 4갈래로 갈라져요.

박태기나무
꼬투리열매는 겨울에도 나무에 매달려 있지요.

은행나무
동그란 열매가 노랗게 익으면 퀴퀴한 구린내가 나기 시작해요.

씨앗

주목
열매 한쪽이 열려 있어 속의 씨앗이 보여요.

화살나무
잘 익은 열매는 갈라지면서 빨간색 씨앗이 드러나요.

돈나무
빨간 씨앗에 파리가 잘 모여서 '똥나무'라고 하던 것이 '돈나무'로 변했어요.

동백나무
예전에 씨앗에서 짠 기름을 머릿기름으로 썼어요.

장미
열매에서 짠 기름은 화장품 원료로 써요.

관련 교과 2-2 가을 〈2. 가을아 어디 있니〉 / 6-1 과학 〈4. 식물의 구조와 기능〉

가을에 산에서 볼 수 있는 나무 열매

맛있는 열매를 따 먹는 새들의 노랫소리가 가득한 산골짜기에서는
다람쥐와 청설모도 열매를 줍느라 바쁘게 움직이지요.
다람쥐가 맛있는 다래 열매를 다 먹어 버리기 전에
산으로 올라가서 만나 보세요. 참, 열매에는 독이 있을 수
있으니 아무 열매나 함부로 먹지는 마세요.

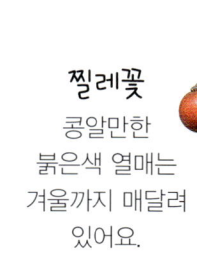

찔레꽃
콩알만한
붉은색 열매는
겨울까지 매달려
있어요.

개다래
열매는 익어도
먹을 수가 없어요.

다래
열매는 황록색으로
익는데 키위처럼
달콤한 맛이 나요.

칡
꼬투리열매 겉은
털로 덮여 있어요.

생강나무
예전에는 열매에서
짠 기름을 머릿기름이나
등잔기름으로 썼어요.

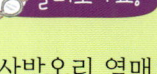
살펴보아요!

사방오리 열매로 강아지 만들기

1. 열매가 달린 자루를 뾰족하게 다듬어요.
2. 자루 끝에 풀칠을 한 다음 다른 열매에 끼워서 머리와 몸통을 만들어요.
3. 가는 가지로 다리를 만든 다음 풀칠을 해서 끼우면 완성이에요.

솔방울열매나 그 밖의
다른 열매를 모아서
동물이나 물건의 모양을
본떠 만들어 보세요.

사방오리는 솔방울열매를
닮은 타원형 열매가 칸칸이
벌어지며 씨앗이 나와요.

노린재나무
타원형 열매는 남색으로 익어요.

까마귀밥여름나무
붉은색 열매는 약간 쓴맛이 나요.

왕머루
열매는 포도처럼 새콤달콤한 맛이 나고 먹을 수 있어요.

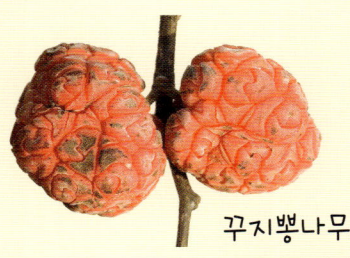

누리장나무
남색 열매를 5갈래의 붉은색 조각이 둘러싸고 있어요.

꾸지뽕나무
열매는 말랑말랑하며 먹을 수 있어요.

보리수나무
달콤한 열매는 약간 떫은맛이 나지만 먹을 수 있어요.

괴불나무
동그란 열매가 2개씩 모여 달린 모양이 '개의 불알'을 닮았대요.

말오줌때
빨간 열매가 벌어지면서 까만 씨앗이 드러난 모습은 영화에 나오는 '외계인 ET(이티)'를 닮았어요.

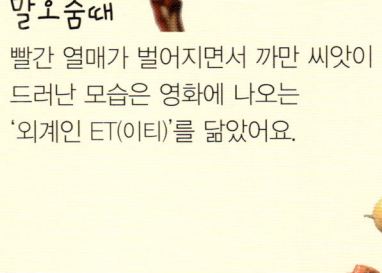

동그란 열매는 노란 박처럼 생겼어요.

노박덩굴
동그란 열매는 3갈래로 갈라지면서 붉은색 속살이 드러나요.

붉나무
열매 겉에 붙은 흰색 가루는 소금처럼 짠맛이 나요.

77

관련 교과 1-2 가을 〈2. 현규의 추석〉 / 2-2 가을 〈2. 가을아 어디 있니〉 / 6-1 과학 〈4. 식물의 구조와 기능〉

도토리가 열리는 참나무

도토리를 맺는 나무를 '참나무'라고 하는데 참나무에는 여러 종류의 나무가 있어요. 우리가 산에서 흔히 만날 수 있는 참나무는 상수리나무, 굴참나무, 갈참나무, 졸참나무, 떡갈나무, 신갈나무, 이렇게 6종입니다. 산에 올라가 참나무를 구분해 보고 도토리를 주워서 재미있는 모양을 만들어 보세요.

상수리나무
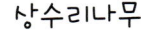
잎몸은 길쭉하며 잎자루가 길지요. 도토리깍정이는 기다란 비늘조각이 수북하며 나중에는 뒤로 젖혀져요.

굴참나무

상수리나무와 닮은 잎은 뒷면이 흰빛이 돌아요. 나무껍질은 두꺼워서 손으로 누르면 폭신해요. 도토리깍정이에는 기다란 비늘조각이 수북해요.

졸참나무

잎몸은 갈참나무와 비슷하지만 참나무 잎 중에서 크기가 가장 작고 잎자루가 길지요. 길쭉한 도토리도 크기가 가장 작으며 깍정이에는 비늘조각이 기와를 인 것처럼 포개져 있어요. 졸참나무는 '졸병 참나무'란 뜻이에요.

갈참나무

잎몸은 상수리나무보다 훨씬 넓어서 쉽게 구분이 되지요. 잎자루는 상수리나무처럼 길어요. 도토리깍정이에는 비늘조각이 기와를 인 것처럼 포개져 있지요.

떡갈나무

잎몸은 갈참나무와 비슷하지만 잎자루가 거의 없어요. 도토리깍정이에는 기다란 비늘조각이 수북하며 붉은 갈색이 돌고 뒤로 젖혀져요. 넓적한 잎은 떡을 싸는 데 이용해서 '떡갈나무'란 이름으로 불리지요.

짚신 바닥에 깔면 부드럽고 발도 편해!

신갈나무

잎몸은 갈참나무와 비슷하지만 잎자루가 거의 없어요. 도토리깍정이는 비늘조각이 기와를 인 것처럼 포개져 있어요. 옛날에 나무꾼들이 짚신 바닥이 헤지면 잎이 넓은 이 나무의 잎을 짚신 바닥에 까는 데 이용해서 '신갈나무'란 이름으로 불리지요.

관련 교과 1-2 가을 〈2. 현규의 추석〉 / 2-2 가을 〈2. 가을아 어디 있니〉 / 6-1 과학 〈4. 식물의 구조와 기능〉

솔방울열매가 열리는 나무

뾰족한 바늘잎을 달고 있는 나무들은 가을에 솔방울열매가 열리지요. 나무 종류마다 바늘잎의 길이와 두께가 조금씩 다른 것처럼 솔방울열매의 모양이나 크기도 조금씩 달라요. 산과 들에서 흔히 볼 수 있는 솔방울열매를 모아 보았어요. 나무마다 열리는 솔방울열매의 생김새를 익히고 찾아보세요. 솔방울열매를 모아서 재미있는 모양도 만들어 보세요.

리기다소나무
솔방울조각 끝에 가시가 있어서 찔리면 아파요.

잣나무
솔방울조각 사이에서 고소한 씨앗인 잣이 나와요.

일본잎갈나무
솔방울조각은 끝만 뒤로 젖혀져요.

섬잣나무
솔방울조각은 칸칸이 활짝 벌어져요.

살펴보아요!

솔방울조각이 벌어지면서 날개 달린 씨앗이 나와요.

소나무

소나무의 솔방울열매를 세로로 잘라 보면 솔방울열매 속을 볼 수 있어요. 솔방울열매는 많은 솔방울조각이 촘촘히 포개져 있고 그 사이마다 씨앗이 들어 있어요. 가을이 되면 솔방울조각이 차례로 벌어지면서 사이마다 들어 있던 날개 달린 씨앗이 나와 바람에 날리지요.

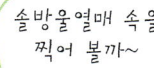

솔방울열매 속을 찍어 볼까~

관련 교과 2-2 가을 〈2. 가을아 어디 있니〉 / 6-1 과학 〈4. 식물의 구조와 기능〉

가을에 볼 수 있는 들풀 열매

들의 푸른 풀밭이 누런색으로 물드는 가을이 되면
풀들도 열매를 맺고 씨앗을 퍼뜨릴 준비를 합니다.
가을 들판에 나가 여러 가지 풀 열매를 만나 보세요.
박주가리 열매 속의 씨앗을 입바람으로 '후~' 날려 보세요.
도꼬마리 열매를 친구에게 던지면서 누가 많이 붙이는지
내기도 해 보세요.

미국가막사리
열매 끝에 가시가 있어서
옷에 잘 달라붙어요.

땅꽈리
열매는 꽈리와
비슷해요.

미국자리공
살이 많은 열매는
검은색으로 익어요.

둥근잎유홍초
동그란 열매는
갈색으로 익어요.

크기가 작아서
사람은 매달릴
수 없어요~

독말풀
열매 겉이 가시로
덮여 있어요.

쥐방울덩굴
동그란 열매는
낙하산처럼 매달려요.

도깨비바늘
기다란 열매 끝에 가시가
있어서 잘 달라붙어요.

질경이
고깔 모양의 열매 뚜껑이
열리면서 씨앗이 나와요.

고슴도치풀
열매는 고슴도치처럼 억센 털로 덮여 있어요.

새박
동그란 열매는 새알처럼 작고 박처럼 하얗게 익어요.

박주가리
열매는 박처럼 갈라지면서 털이 달린 씨앗이 나와요.

며느리배꼽
열매는 남색으로 변했다가 검게 익어요.

도꼬마리
열매 겉에는 가시가 있어서 옷에 잘 달라붙어요.

어저귀
열매는 익으면 칸칸이 벌어져요.

까마중
동그란 열매는 까맣게 익어요.

연꽃
열매는 물뿌리개의 꼭지 모양이에요. 덜 익은 씨앗은 '연밥'이라고 하는데 맛이 고소해요.

달맞이꽃
길쭉한 열매는 끝이 벌어지며 씨앗이 나와요.

관련 교과 2-2 가을 〈2. 가을아 어디 있니〉 / 6-1 과학 〈4. 식물의 구조와 기능〉

가을에 볼 수 있는 산풀 열매

산에서 자라는 풀들은 누렇게 물든 잎 사이로 열매가 익어 갑니다. 꼭두서니 열매처럼 맛있는 열매살로 새를 부르는 열매도 있고, 쥐손이풀처럼 열매가 용수철처럼 위로 말리는 힘으로 씨앗을 튕겨 보내는 열매도 있어요. 열매를 모양이나 색깔에 따라 나눠 보세요.

말나리
동그스름한 열매는
흑갈색으로 익어요.

고추나물
열매는 고추처럼
빨갛게 익어요.

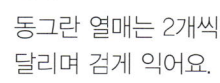
뿌리는 빨간색 물감으로 써요.

꼭두서니
동그란 열매는 2개씩
달리며 검게 익어요.

물레나물
원뿔 모양의 열매는
세로로 갈라져요.

윤판나물
달걀 모양의 열매는
검게 익어요.

쥐손이풀
열매가 익으면
위로 말리면서
씨앗이 날아가요.

오이풀
열매 이삭은
갈색으로 익으면
네모난 씨앗이 나와요.

은방울꽃
동그란 열매는
붉은색으로 익어요.

수리취
열매가 익으면 털이 달린 씨앗이 바람에 퍼져요.

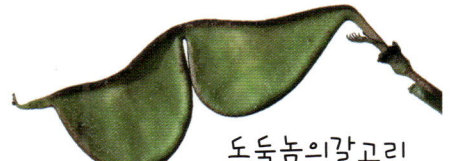
도둑놈의갈고리
꼬투리열매 끝에 있는 갈고리 같은 가시로 옷에 잘 달라붙어요.

배풍등
콩알만한 열매는 붉은색으로 익어요.

원추리
열매가 익으면 윗부분이 3갈래로 갈라져요.

자란
열매가 익으면 세로로 갈라지면서 먼지 같은 씨앗이 많이 나와요.

멸가치
열매에는 끈적거리는 털이 있어서 잘 달라붙지요.

이게 뭐야~

범부채
열매는 껍질이 벗겨지면서 까만 씨앗이 드러나요.

장구채
열매는 윗부분이 벌어지며 씨앗이 나와요.

천남성
붉은색 열매송이는 숲 속에서 눈에 잘 띄어요.

맥문동
열매송이는 검게 익어요.

열매 단면

어떤 식물은 알록달록 달콤한 열매를 맺는가 하면
어떤 식물은 단단한 껍질로 씨앗을 싸서 보호하기도 해요.
열매를 가로로 잘라 보고 세로로도 잘라 보세요.
열매가 잘린 면의 모양도 살펴보고 속에 들어 있는 씨앗의
모습도 살펴보세요. 칼은 위험하니 조심해서 다루세요.

남천
한 열매에 동그란 씨앗이 보통 2개씩 들어 있어요.

굴피나무
열매조각 사이마다 납작한 씨앗이 들어 있어요.

참오동나무
열매 속에는 날개가 있는 씨앗이 많이 들어 있어요.

돈나무
열매 속을 골고루 채운 씨앗은 끈적거리는 붉은색 물질에 싸여 있어요.

말나리
여섯으로 나누어진 방마다 납작한 씨앗이 차곡차곡 포개져 있어요.

백당나무
열매 속에 납작한 씨앗이 1개씩 들어 있어요. 열매가 익으면 퀴퀴한 구린내가 나요.

씨앗　열매살

탱자나무
많은 씨앗이 열매살 속에 박혀 있어요. 귤과 비슷하지만 쓰고 신맛이 강해요.

다래
달콤한 열매살 속에 깨알같이 작은 씨앗이 많이 들어 있어요.

차나무
동그란 씨앗이 각 방마다 들어 있어요.

동백나무
열매 속에 보통 2~3개의 씨앗이 들어 있어요.

씨가 정말 많다!

박태기나무
꼬투리열매 속에 납작한 씨앗이 들어 있어요.

사방오리
열매조각 사이마다 납작한 씨앗이 들어 있어요.

산딸나무
달콤한 열매살 속에 1~5개의 씨앗이 들어 있어요.

작은 배 모양으로 달면서도 시고 떫은 맛이 나요.

산돌배나무
열매 가운데에 타원형 씨앗이 빙 돌려 가며 들어 있어요.

붓꽃
셋으로 나누어진 방마다 씨앗이 가득 들어 있어요.

87

> 관련 교과 1-2 가을 〈2. 현규의 추석〉 / 2-2 가을 〈2. 가을아 어디 있니〉

맛있는 과일

가을은 과일이 풍성한 계절입니다. 마당가의 감나무에는
주황색 감이 주렁주렁 매달리고, 뒷산의 밤나무에서는
밤송이가 벌어지면서 밤톨이 떨어지지요.
과일나무를 찾아서 맛있게 익은 과일 열매를 만나 보세요.
과일을 크기나 색깔에 따라 나누어 보고,
열매를 잘라서 열매 속의 모양도 살펴보세요.

앵두
6월에 붉게 익는 열매는
과일로 먹어요.

감
주황색 열매는 과일로
먹으며 껍질을 벗겨
말리면 곶감이 되지요.

귤
주로 제주도에서 길러요.
가을에 주황색으로 익는
열매는 껍질을 까서 먹지요.

밤
가시로 덮인 밤송이가
벌어지면서 나오는 밤은
찌거나 구워서 먹어요.

모과
울퉁불퉁한 열매는
신맛이 강해서 날로는
못 먹고 모과차를
만들어 먹어요.

매실
흔히 어린 열매로
차를 만들어 마셔요.

대추
붉은 열매는 말려서
음식에 넣거나
한약재로 이용해요.

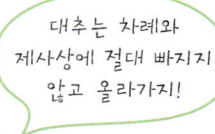

> 대추는 차례와
> 제사상에 절대 빠지지
> 않고 올라가지!

무화과
말랑말랑한 열매살은 달콤하며 말렸다가 먹기도 해요.
말린 열매

배
누렇게 익는 열매는 달콤하고 시원해요.

사과
붉은색 열매는 새콤달콤한 맛이 나요.

유자
열매는 신맛이 강해서 날로는 못 먹고 유자차를 만들어 먹지요.

복숭아
8월에 익는 열매 겉에는 잔털이 많으며 날로 먹거나 통조림을 만들어요.

석류
열매 속에 가득 든 씨앗을 싸고 있는 살은 새콤달콤한 맛이 나요.

살구
6월에 노란색으로 익는 열매는 새콤달콤한 맛이 나요.

자두
7월에 붉게 익는 열매는 날로 먹기도 하고 잼을 만들기도 하지요.

양다래
말랑말랑한 열매살은 신맛이 강해요.

호두
단단한 씨앗 속에 든 속살은 맛이 고소해요.

관련 교과 1-1 봄 〈2. 도란도란 봄 동산〉 / 2-2 가을 〈2. 가을아 어디 있니〉 / 6-1 과학 〈4. 식물의 구조와 기능〉

공원이나 들에서 모은 씨앗

열매 속에는 씨앗이 들어 있어요.
씨앗은 다음 해 봄에 땅에 심으면 새싹이 돋아나지요.
공원이나 들에 나가 씨앗을 모아 보세요.
모은 씨앗을 모양이나 크기에 따라 나누어 보세요.

은행나무
씨앗에는 2~3개의 모가 있어요.
단단한 껍질 속의 속살은 구워 먹어요.

선인장
씨앗은 모양이 조금씩 달라요.

자귀나무
씨앗은 납작한 타원형이에요.

대추나무
씨앗은 양쪽 끝이 뾰족해요.

매실나무
씨앗은 겉면이 곰보처럼 우툴두툴해요.

복숭아나무
씨앗은 겉면에 불규칙한 주름이 있어요.

주목
동그란 씨앗은 독이 있으니 절대 먹으면 안 돼요.

모과나무
씨앗은 반달처럼 생긴 것이 많아요.

목련
씨앗은 하트 모양이에요.

쥐똥나무
씨앗은 쥐똥과 모양이 비슷해요.

등
씨앗은 동글납작해요.

분꽃
씨앗 속에는 흰색 가루가 들어 있는데 옛날 엄마들이 얼굴에 발랐대요.

회화나무
동그란 씨앗은 광택이 있어요.

회양목
길쭉한 씨앗은 단단하며 광택이 있어요.

모란
씨앗은 동그스름해요.

개오동
씨앗의 양쪽에 털이 있어요.

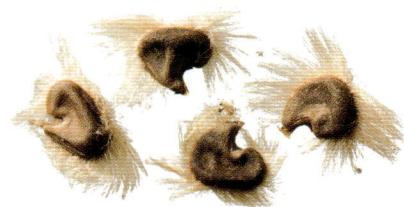
무궁화
씨앗에는 돌려 가며 털이 나 있어요.

계수나무
씨앗의 한쪽에 납작한 날개가 있어요.

접시꽃
씨앗의 둘레는 납작한 날개로 되어 있어요.

스트로브잣나무
씨앗의 한쪽에 납작한 날개가 있어요.

자작나무
씨앗의 양쪽에 날개가 있는 모습이 나비를 닮았어요.

바닷가 조약돌처럼 예뻐~

관련 교과 1-1 봄 〈2. 도란도란 봄 동산〉 / 2-2 가을 〈2. 가을아 어디 있니〉 / 6-1 과학 〈4. 식물의 구조와 기능〉

산에서 모은 씨앗

가까운 산에 올라가 씨앗을 살펴보세요.
먼지처럼 작은 씨앗에서부터 밤톨처럼
큰 씨앗까지 여러 가지이지요. 모은 씨앗을
모양이나 색깔, 크기에 따라 나누어 보세요.

개옻나무
씨앗에는
줄무늬가 있어요.

까마귀베개
씨앗은 작은 베개
모양이에요.

댕댕이덩굴
씨앗은 달팽이처럼
말린 모양이에요.

산딸기
작은 씨앗은 곰보처럼
우툴두툴해요.

백당나무
씨앗은 하트 모양과
비슷해요.

가래나무
단단한 씨앗을 깨면 호두처럼
고소한 속살이 나와요.

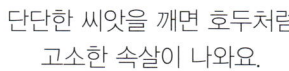

은방울꽃
타원형 씨앗은 모양이
조금씩 달라요.

칡
씨앗은 콩과
비슷하게 생겼어요.

국수나무
작고 동그란 씨앗은
광택이 나요.

참마
씨앗 둘레는 납작한 날개로
되어 있어요.

가을

노간주나무
씨앗은 모양이 조금씩 다르고 광택이 나요.

고삼
타원형 씨앗은 울퉁불퉁한 것도 있어요.

쪽동백나무
타원형 씨앗으로 짠 기름을 머릿기름으로 이용했어요.

밀나물
동그란 씨앗 겉에는 작은 배꼽이 있어요.

생강나무
동그란 씨앗으로 짠 기름은 머릿기름으로 이용했어요.

산초나무
까만 씨앗으로 기름을 짜요.

꼭두서니
까만 씨앗에는 오목한 구멍이 있어요.

청가시덩굴
동그란 씨앗 겉에는 배꼽이 있어요.

가막사리
씨앗의 끝에 날카로운 가시가 있어서 옷에 잘 달라붙어요.

나래가막사리
양쪽에 날개가 있는 씨앗은 나비를 닮았어요.

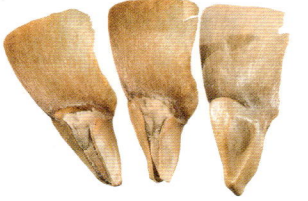
전나무
씨앗의 한쪽에 넓은 날개가 있어서 바람에 날려 퍼져요.

엉겅퀴
씨앗에는 털이 많아서 바람에 날려 퍼지지요.

관련 교과 1-1 봄 〈2. 도란도란 봄 동산〉 / 1-2 가을 〈2. 현규의 추석〉 / 2-2 가을 〈2. 가을아 어디 있니〉

논밭에서 기르는 곡식

가을이 되면 들판은 벼가 누렇게 익어 황금물결로 덮이지요. 사람들이 식량으로 이용하는 열매나 씨앗을 '곡식'이라고 해요. 논밭으로 나가 곡식을 찾아보고 사람들이 어떻게 이용하는지 알아보세요.

강낭콩

기다란 꼬투리열매 속의 씨앗을 밥에 넣어 먹거나 떡이나 과자를 만드는 데 넣어요.

녹두

기다란 꼬투리열매 속의 씨앗으로 빈대떡이나 묵을 만들어 먹어요.

완두콩

납작한 꼬투리열매 속의 씨앗을 밥에 넣어 먹고 떡을 만드는 데도 넣어요.

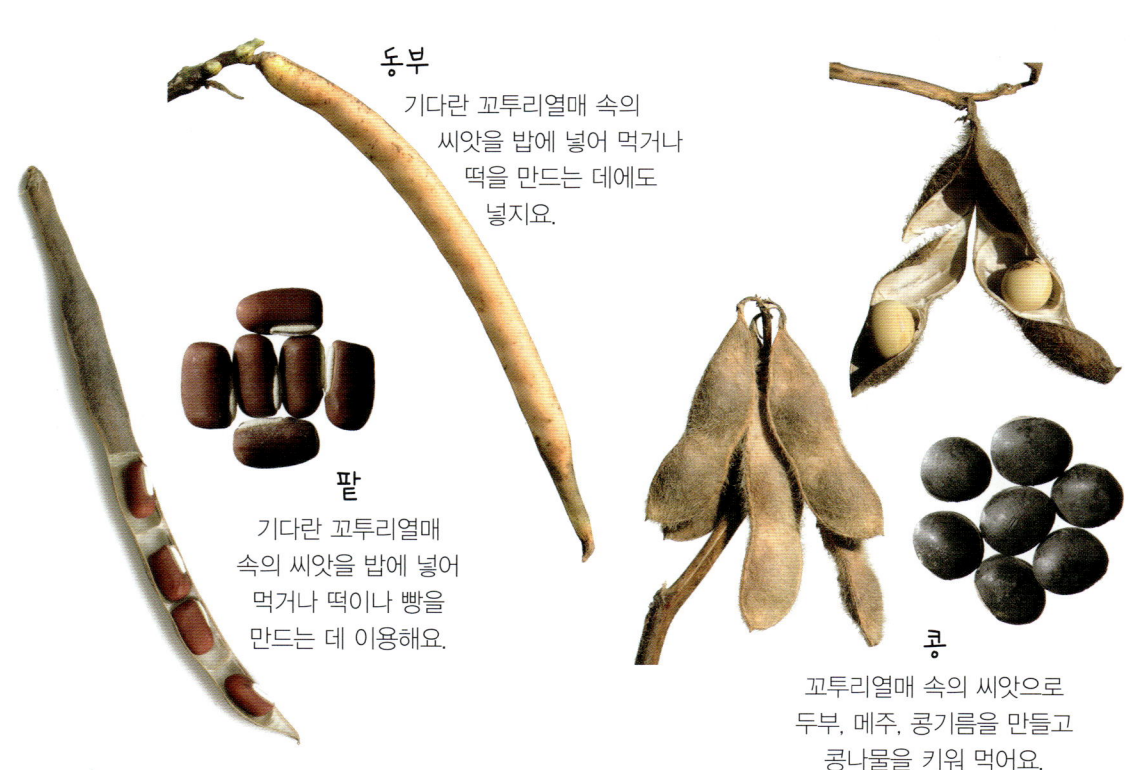

동부

기다란 꼬투리열매 속의 씨앗을 밥에 넣어 먹거나 떡을 만드는 데에도 넣지요.

팥

기다란 꼬투리열매 속의 씨앗을 밥에 넣어 먹거나 떡이나 빵을 만드는 데 이용해요.

콩

꼬투리열매 속의 씨앗으로 두부, 메주, 콩기름을 만들고 콩나물을 키워 먹어요.

공원에서 만나는 단풍잎

관련 교과 1-2 가을 〈2. 현규의 추석〉 / 2-2 가을 〈2. 가을아 어디 있니〉

가을이 깊어지면 나뭇잎은 울긋불긋 단풍이 듭니다.
같은 나무라도 사는 곳의 환경에 따라
단풍 색깔이 달라지기도 해요.
공원에 나가 단풍잎을 모아 보세요. 모은 단풍잎의
이름을 알아보고 색깔별로 나누어 보세요.
또 잎이 큰 순서대로 나누어 보세요.

담쟁이덩굴
가을에 붉게 물든 잎은 담벼락을 알록달록하게 장식해요.

개나리
적갈색이나 노란색으로 단풍이 들어요.

모감주나무
보통 노란색으로 단풍이 들어요.

느티나무
노란색 또는 적갈색으로 단풍이 들지요.

단풍 색깔이 여러 가지다!

산딸나무
붉은색이나 노란색으로 단풍이 들어요.

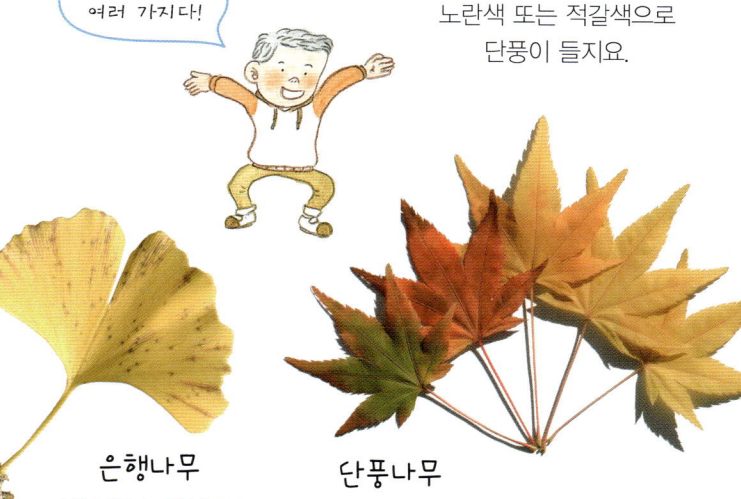

은행나무
가을이면 노란색으로 물든 은행나무 가로수 길은 매우 아름다워요.

단풍나무
보통 붉은색으로 단풍이 들지만 그늘에서는 노란색으로 단풍이 드는 잎도 있어요.

관련 교과 1-2 가을 〈2. 현규의 추석〉 / 2-2 가을 〈2. 가을아 어디 있니〉

산에서 만나는 단풍잎

밤과 낮의 기온 차이가 크게 나는 산에서 자라는 나무들은 더욱 고운 단풍이 듭니다. 산에 사는 나무들은 사는 곳의 환경이 다양해서 같은 나무라도 단풍잎의 색깔이 다른 경우가 더욱 많아요. 산에 가서 단풍잎을 모아 보세요. 모은 단풍잎의 이름을 알아보고 색깔별로 나누어 보세요.

일본잎갈나무
대부분 노란색이나 황갈색으로 단풍이 들어요.

떡갈나무
대부분 붉은색이나 적갈색으로 단풍이 들어요.

쪽동백나무
보통 노란색이나 황갈색으로 단풍이 들어요.

신갈나무
산에서 가장 흔한 나무로 황적색이나 적갈색으로 단풍이 들어요.

당단풍
단풍나무와 비슷하지만 잎몸이 9~11갈래로 더 많이 갈라져요.

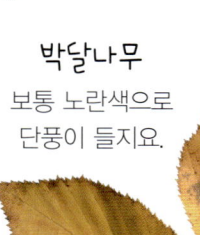

박달나무
보통 노란색으로 단풍이 들지요.

풀잎 단풍

관련 교과 1–2 가을 〈2. 현규의 추석〉 / 2–2 가을 〈2. 가을아 어디 있니〉

대부분의 풀은 가을이 되면 누렇게 말라 죽습니다.
풀이 마를 때에 단풍이 들기도 하는데
나무의 단풍잎처럼 화려하지는 않아요.
들과 산으로 나가서 단풍이 든 풀잎을
모아 보세요. 모은 풀잎의 이름을 알아보고
색깔별로 나누어 보세요.

미국자리공
보통 붉은색으로 단풍이 들어요.

꼭두서니
기다란 하트 모양의 잎은 보통 황갈색이나 노란색으로 단풍이 들어요.

명아주
보통 붉은색으로 단풍이 들어요.

애기나리
보통 노란색이나 황갈색으로 단풍이 들지요.

양지꽃
보통 붉은색으로 단풍이 들어요.

가을은 온통 빨갛고 노랗네.

딱지꽃
보통 붉은색으로 단풍이 들어요.

달맞이꽃
땅바닥에 펼쳐진 잎은 붉은색으로 단풍이 든 채 겨울을 나요.

가시여뀌
보통 붉은색으로 단풍이 들어요.

돌단풍
보통 붉은색으로 단풍이 들어요.

애기수영
창검처럼 생긴 잎은 보통 붉은색으로 단풍이 들어요.

세잎양지꽃
3장의 작은잎이 모여 달리는 잎은 보통 붉은색으로 단풍이 들어요.

토끼풀
보통 진한 적갈색이나 누런 붉은색으로 단풍이 둘지요.

도라지
줄기에 돌려가며 달리는 잎은 보통 노란색이나 황갈색으로 단풍이 들어요.

고사리
새깃처럼 계속 갈라지는 잎은 보통 노란색이나 황갈색으로 단풍이 들어요.

꽃누르미를 만들어 봐요

관련 교과 1-2 가을 〈2. 현규의 추석〉 / 2-2 가을 〈2. 가을아 어디 있니〉

아름다운 가을꽃과 단풍을 오랫동안 볼 수 있도록 꽃누르미를 만들어 봐요.
꽃누르미는 꽃과 잎을 눌러서 말린 그림으로 '압화'라고도 해요. 들과 산으로 나가 꽃과 단풍을 채집하려면 먼저 책과 휴지와 가위를 준비해야 해요.

1 책장 사이에 휴지를 깔고 꽃과 잎을 잘 펴서 놓아요.

2 꽃 위에 휴지를 잘 덮고 책을 덮으세요.

3 무거운 물건으로 책을 눌러 주세요. 1~2주 정도 두면 꽃이 다 말라요.

4 마른 꽃의 크기에 맞게 두꺼운 종이로 바탕 종이와 액자 틀을 만드세요.

5 마른 꽃 뒤쪽에 풀칠을 한 다음 바탕 종이 위에 조심조심 붙여 주세요.

6 다른 꽃도 적당한 모양으로 자른 다음 풀칠을 해서 적당한 자리에 붙여 주세요.

7 마른 꽃을 다 붙였으면 셀로판지를 알맞게 잘라서 덮고 그 위에 액자 틀과 붙여 주면 완성이에요.

살펴보아요!

채집한 여러 가지 꽃과 단풍잎으로 나만의 꽃누르미 작품을 만들어 보세요.

코스모스 꽃과 잎으로 만들었어요. 은행나무 단풍잎으로 만들었어요.

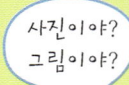
사진이야? 그림이야?

백목련 낙엽을 주워서 만들었어요. 중국단풍의 단풍잎과 열매가지로 만들었어요.

겨울

으~ 추워~
식물들은 얼마나
추울까?

↑ 겨울나무가 눈에
덮였어요.

겨울이 되면

매섭게 불어오는 겨울바람에
잎을 모두 떨군 나무들은
앙상한 가지를 드러내지요.
풀들은 대부분 말라 죽지만 내년 봄을
기다리며 땅바닥에 납작 붙은 채로
서리와 눈에 덮여 있는 새싹도 있어요.
모두 들과 산으로 나가 겨울나무와
풀들을 만나 볼까요!

↑ 들의 달맞이꽃
로제트

↑ 꽃다지 로제트에 서리가 내렸어요.

관련 교과 2-2 겨울 〈2. 겨울 탐정대의 친구 찾기〉

로제트 식물

풀 중에는 가을에 미리 싹이 트는 풀이 있어요. 이런 풀은 뿌리에서 난 잎을 땅바닥에 방석처럼 펼치고 햇빛을 받으면서 겨울을 나지요. 뿌리잎을 땅바닥에 펼치고 있는 모양이 장미꽃과 비슷해서 '로제트(장미 모양) 식물'이라고 불러요. 그렇게 겨울을 견디면 봄에 다른 풀보다 빨리 자라고 꽃이 필 수 있지요.

꽃다지
뿌리잎을 펼친 모양이 장미꽃과 비슷해요.

지느러미엉겅퀴
뿌리잎은 새의 깃털처럼 갈라지고 가장자리에 날카로운 가시가 많아요.

봄맞이
삽 모양의 뿌리잎은 붉은색으로 변해요.

삽처럼 생겼네~

광대나물
동그란 잎 가장자리에는 둥근 톱니가 있어요.

소리쟁이나물
기다란 뿌리잎 가장자리에는 얕고 뾰족한 톱니가 있어요.

개망초 뿌리잎 가장자리에는 큰 톱니가 있어요.

달맞이꽃 뿌리잎은 가장자리에 얕은 톱니가 있어요.

별꽃 가는 줄기를 땅바닥에 펼친 채 겨울을 나요.

지칭개 뿌리잎은 새의 깃털처럼 갈라지고 뒷면은 흰색이에요.

망초 뿌리잎 가장자리에는 얕은 톱니가 있어요.

꽃마리 동그란 뿌리잎은 가장자리가 밋밋하지요.

관련 교과 2-2 겨울 〈2. 겨울 탐정대의 친구 찾기〉

겨울에도 잎이 푸른 상록수

겨울에도 푸른 잎을 달고 있는 나무를 '늘푸른나무' 또는 '상록수'라고 합니다. 상록수는 잎이 바늘처럼 생긴 바늘잎나무 종류와 잎이 넓은 넓은잎나무 종류 두 가지가 있어요. 바늘잎나무 종류는 추위에 강해 어디서나 볼 수 있지만 넓은잎나무 종류는 주로 따뜻한 남쪽 지방에서 잘 자라요.

향나무
부드러운 비늘잎과 날카로운 바늘잎을 모두 가졌어요.

동백나무
겨울부터 봄까지 예쁜 붉은색 꽃이 피지요.

회양목
화단이나 공원에 널리 심어요. 겨울에는 잎이 붉게 변해요.

주목
납작한 바늘잎은 찌르지는 않아요.

호랑가시나무
빨간 열매가 달린 가지는 크리스마스 장식용으로 써요.

팔손이
잎몸이 보통 8갈래로 갈라져서 '팔손이'라고 해요.

측백나무
잎이 모두 부드러운 비늘잎뿐이에요.

사철나무
잎이 사철 푸르러서 '사철나무'라고 해요.

겨우살이
추운 겨울에 다른 나무에 매달려서 겨우겨우 살아가기 때문에 '겨우살이'라고 해요.

백량금
화분에 심어 길러요. 겨우내 달려 있는 빨간 열매가 예쁘지요.

돈나무
주걱 모양의 잎이 달린 나무 모양이 보기 좋아요. 매서운 겨울바람에 잎이 노랗게 변했어요.

다정큼나무
겨우내 검은색 열매를 달고 있어요.

먼나무
겨우내 붉은 열매를 가득 달고 있는 나무 모양이 보기 좋아요.

겨울인데 푸른 잎에 열매까지!

피라칸다
화단에 심는데 겨우내 달려 있는 빨간 열매가 예쁘지요.

관련 교과 2-2 겨울 〈2. 겨울 탐정대의 친구 찾기〉

겨울철 실내를 푸르게 해 주는 관엽식물

집 안을 아름답게 꾸미기 위해 화분 등을 이용해 식물을 기르는데 꽃이 피는 화초도 기르지만 식물의 잎을 감상하는 식물도 함께 길러요. 주로 잎을 감상하는 식물을 '관엽식물'이라고 하는데 대부분이 더운 열대가 고향으로 잎의 모양이 독특하거나 아름다운 무늬가 있지요.

관엽식물은 겨울에도 실내에서 푸른 잎을 볼 수가 있어서 사람들의 사랑을 받아요. 하지만 추위에 약하므로 겨울에는 얼지 않도록 잘 보살펴 주어야 해요.

우리 집과 온실에서 기르는 관엽식물을 찾아서 이름을 알아보세요.

덥다, 더워~
열대 지방에
온 것 같아~

관음죽
주로 화분에 심어 길러요.
부챗살 모양으로 갈라지는 잎은 광택이 나지요.

벤자민고무나무
주로 화분에 심어 길러요.
가지에 작은 잎이 촘촘히 달린 모습이 보기 좋아요.

부겐빌레아
온실에서 기르는데 꽃이 오래도록 피어 있어요. 덩굴나무이고 가지에 곧은 가시가 있어요.

셰플레라

주로 화분에 심어 길러요.
5~9장의 작은잎이 돌려난 모습이
우산을 펼친 모습이에요.

스파티필룸

주로 화분에 심어 길러요.
잎은 반질반질 윤이 나며
흰색 꽃이 피지요.

스킨답서스

주로 화분에 심어 길러요.
덩굴식물로 줄기 양쪽으로 붙는
타원형 잎이 보기 좋아요.

싱고니움

주로 화분에 심어 길러요.
잎의 모양이 독특하며
여러 품종이 심어지고 있어요.

아라우카리아

흔히 온실에서 길러요.
층을 이루며 벋는 가지에
바늘 모양의 잎이 달리지요.

알로카시아

흔히 온실에서 길러요.
짧은 줄기 끝에서 큼직한 잎이
모여나고 흰색 꽃이 피어요.

익소라
주로 화분에 심어 길러요.
줄기 끝에 붉은색이나 흰색
꽃송이가 달려요.

인도고무나무
흔히 온실에서 길러요.
큼직한 잎은 두껍고 광택이 나지요.

천사나팔꽃
흔히 온실에서 길러요.
커다란 나팔 모양의 흰색 꽃은
아래로 늘어지면서 피지요.

칼라테아
주로 화분에 심어 길러요.
독특한 무늬가 있는 잎이 모여나기
때문에 매우 아름다워요.

코르딜리네
주로 화분에 심어 길러요.
가늘고 긴 잎이 줄기에 촘촘히
돌려 가며 붙지요.

필로덴드론
주로 화분에 심어 길러요.
잎몸이 갈라지는 것도 있고
갈라지지 않는 것도 있어요.

관련 교과 2-2 겨울 〈2. 겨울 탐정대의 친구 찾기〉 / 4-1 과학 〈3. 식물의 한살이〉

식물의 겨울나기

추운 겨울이 되면 대부분의 나무들은 잎을 떨군 앙상한 모습이 됩니다. 공원에 심은 나무 중에 추위에 약한 나무는 겨울을 이겨 낼 수 있도록 짚으로 두꺼운 외투를 만들어 주지요. 들판의 비닐하우스에서는 상추, 쑥갓, 딸기, 수박 같은 채소들이 싱싱하게 자라고 있어요. 이렇게 농부들이 추운 겨울에도 땀 흘려 기른 덕에 한겨울에도 시장에서는 싱싱한 채소들을 쉽게 구할 수 있지요.

공원이나 들로 나가 추운 겨울을 나는 식물들을 만나 보세요.

분비나무가 하얀 겨울 눈에 덮여 있어요.

나무줄기에 둘러 준 짚에 해로운 벌레들이 모이면 이른 봄에 짚을 불에 태워 벌레를 없애요.

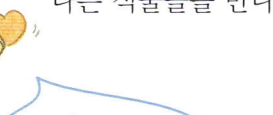

이 정도는 돼야 겨울을 이겨 낼 수 있다구~

배롱나무
따뜻한 남쪽에서는 그대로 겨울을 나지만 서울처럼 추운 지방에서는 줄기를 볏짚으로 싸 주면 좋아요.

보리
보리밭 풍경이에요.
보리는 싹이 튼 채로 겨울을 나요.

수박
비닐하우스에서 자라는 수박이에요.

관련 교과 2-2 겨울 〈2. 겨울 탐정대의 친구 찾기〉 / 6-1 과학 〈4. 식물의 구조와 기능〉

공원에서 볼 수 있는 나무껍질

나무껍질은 나무의 피부와 같아요. 나무줄기를 덮고 있어서 나무의 속살이 다치지 않도록 해 주지요. 나무마다 나무껍질에 특징이 있어요. 껍질이 갈라지는 나무가 있는가 하면 갈라지지 않는 나무도 있지요. 껍질이 조각조각 벗겨지면서 얼룩이 생기는 나무도 있어요. 공원에 나가 나무껍질을 살펴보세요. 껍질에 종이를 대고 색연필로 문질러 무늬를 나타내 보세요.

감나무
불규칙하게 갈라져 벗겨져요.

느티나무
매끈하지만 오래되면 조각으로 벗겨져요.

단풍나무
매끈하지만 오래되면 세로로 얕게 갈라져요.

등
줄기는 갈라지지 않아요.

모과나무
조각이 불규칙하게 벗겨져 얼룩무늬를 만들지요.

배롱나무
조각으로 벗겨지며 흰색 무늬가 생겨요.

백목련
매끈하고 갈라지지 않아요.

벽오동
매끈하며 녹색에서 회백색으로 변해요.

산수유
불규칙하게 갈라져서 벗겨져요.

스트로브잣나무
매끄럽지만 오래되면 조금씩 얇게 갈라져요.

양버즘나무
껍질이 조각으로 벗겨져서 얼룩무늬를 만들지요.

왕벚나무
껍질이 거칠고 가로로 줄무늬가 있어요.

은사시나무
마름모꼴이나 타원형의 무늬가 생겨요.

은행나무
세로로 엉성하게 갈라지고 누르면 약간 폭신해요.

주목
붉은빛이 돌고 세로로 얇게 벗겨져요.

중국단풍
얇은 종잇장처럼 벗겨져요.

향나무
세로로 갈라져서 얇게 벗겨져요.

 살펴보아요!

자작나무

주로 추운 북쪽 지방에서 자라는 나무로 매끈한 흰색 나무껍질이 보기 좋아서 '숲 속의 여왕'이라는 별명을 가지고 있어요. 얇은 나무껍질에는 기름 성분이 많아서 추위를 막아 주지요. 흰색 나무껍질이 보기 좋아서 서울을 비롯한 남쪽 지방에서도 관상수로 많이 심고 있는데 나무껍질이 더위를 견디지 못하고 검은 얼룩이 생기거나 트는 나무가 많아서 안타까움을 더해 줘요.

종이처럼 얇게 벗겨져~

관련 교과 2-2 겨울 〈2. 겨울 탐정대의 친구 찾기〉 / 6-1 과학 〈4. 식물의 구조와 기능〉

산에서 볼 수 있는 나무껍질

나무마다 나무껍질에는 특징이 있어요. 껍질이 얇은 나무가 있는가 하면 두꺼운 나무도 있고, 껍질에 흰색 무늬나 줄무늬가 생기는 나무도 있지요. 산에 가면 나무껍질을 살펴보세요. 굵은 나무줄기를 골라 두 팔로 안아 보고 어떤 나무가 가장 굵은지 비교해 보세요. 벗겨진 나무껍질을 골라서 나무에게 편지를 쓰고 여러 가지 그림도 그려 보세요.

가죽나무
매끈하고 세로로 무늬가 있어요.

굴참나무
세로로 불규칙하게 갈라지며 누르면 폭신폭신해요.

노간주나무
세로로 얇게 벗겨져요.

당단풍
갈라지지 않고 매끈해요.

물박달나무
여러 겹으로 종이처럼 벗겨져요.

물오리나무
매끈하고 세로로 줄무늬가 있어요.

물푸레나무
매끈하며 흰색 무늬가 있고 점차 세로로 갈라져요.

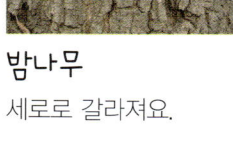

밤나무
세로로 갈라져요.

버드나무
얕게 갈라져요.

산사나무
얇은 조각으로 갈라져 벗겨져요.

상수리나무
세로로 불규칙하게 갈라져서 얕은 골이 져요.

소나무
세로로 거북등처럼 깊게 갈라져요.

신갈나무
세로로 불규칙하게 갈라지며 기다란 골이 패여요.

아까시나무
세로로 불규칙하게 갈라지며 얕은 골이 져요.

오동나무
세로로 얕게 갈라져요.

일본잎갈나무
불규칙하게 갈라져서 벗겨져요.

진달래
갈라지지 않고 매끈해요.

함박꽃나무
밋밋하고 흰색 점이 많아요.

살펴보아요!

황벽나무

깊은 산에서 자라는 황벽나무는 두꺼운 나무껍질을 손으로 누르면 폭신하게 들어가요. 이런 코르크질 나무껍질을 이용해 포도주병의 병마개 등을 만들지요. 또 나무껍질을 벗겨 보면 속살이 노란색을 띠고 있는데 이 부분을 약으로 쓰거나 음식에 물을 들일 때 이용하기도 해요.

황벽나무의 노란 속살

관련 교과 2-2 겨울 〈2. 겨울 탐정대의 친구 찾기〉 / 6-1 과학 〈4. 식물의 구조와 기능〉

공원에서 만나는 겨울눈

앙상한 겨울나무 가지를 보면 겨울눈과 잎자국을 볼 수 있어요. 겨울눈은 다음 해 봄이 오면 새잎이나 꽃을 피우기 위해 나무가 미리 준비해 놓은 것이에요. 즉 겨울눈 속에는 아주 작은 잎이나 꽃이 들어 있는 셈이지요. 잎자국은 시든 잎이 떨어져 나가면서 생긴 상처 자국이에요. 나무마다 겨울눈과 잎자국의 모양이 다르기 때문에 겨울나무도 이름을 찾을 수 있어요. 공원으로 나가 겨울눈과 잎자국을 만나 보세요. 겨울눈이 아주 작은 나무도 있으니 돋보기를 준비하는 것이 좋아요.

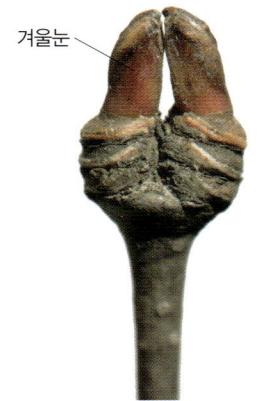

계수나무
겨울눈은 가지 끝에 2개가 나란히 달려요.

은행나무
겨울눈이 달린 가지는 번데기를 닮았어요.

백목련
겨울눈은 회색 털로 덮여 있어요.

느티나무
큰 겨울눈 옆에 작은 새끼 겨울눈이 있어요.

모과나무
겨울눈은 약간 찌그러진 공 모양이에요.

메타세쿼이아
겨울눈은 달걀 모양이에요.

능소화
동그란 잎자국 위에 작은 겨울눈이 있어요.

단풍나무
가지는 보통 2갈래로 갈라져요. 겨울눈은 가지 끝에 2개가 나란히 달려요.

박태기나무
잎이 될 잎눈과 꽃이 필 꽃눈이 따로 있어요.

배롱나무
겨울눈은 끝이 뾰족한 달걀 모양이에요.

산수유
동그스름한 겨울눈은 봄에 노란색 꽃이 필 꽃눈이에요.

수국
가지 끝에 크고 길쭉한 겨울눈이 달려요.

앵두나무
겨울눈이 3개씩 나란히 달리기도 해요.

양버즘나무
겨울눈은 원뿔 모양이에요.

왕벚나무
겨울눈은 뾰족한 달걀 모양이에요.

쥐똥나무
겨울눈은 달걀 모양이에요.

흰말채나무
겨울눈은 화살촉처럼 뾰족해요.

매실나무
겨울눈은 원뿔처럼 뾰족해요.

관련 교과 2-2 겨울 〈2. 겨울 탐정대의 친구 찾기〉 / 6-1 과학 〈4. 식물의 구조와 기능〉

산에서 만나는 겨울눈

겨울눈은 속에 들어 있는 어린잎이나 꽃을 보호하기 위해 두꺼운 외투를 입고 있어요. 쪽동백나무는 털로 덮인 외투를 입고 있고, 층층나무는 여러 겹의 비닐 외투를 입고 있지요. 이처럼 나무마다 겨울눈의 모양이 조금씩 다르고 입고 있는 외투도 제각각이지요. 가까운 산으로 가서 겨울눈을 만나 보세요. 그리고 털외투를 입은 겨울눈과 비닐 외투를 입은 겨울눈으로 나눠 보세요.

가죽나무
커다란 잎자국 위에 작은 겨울눈이 있어요.

고추나무
잎자국은 동물의 얼굴 모양이에요.

개옻나무
겨울눈은 갈색 털로 덮여 있어요.

두릅나무
가시가 많은 가지에 원뿔 모양의 겨울눈이 달려요.

느릅나무
가지가 지그재그로 굽는 것이 많아요. 달걀 모양의 겨울눈은 끝이 뾰족해요.

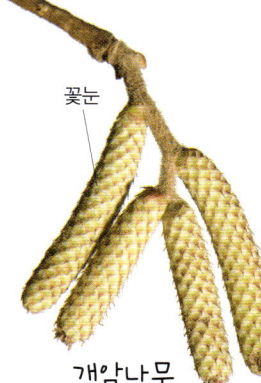

붉나무
털로 덮인 겨울눈은 잎자국으로 둘러싸여 있어요.

개암나무
가지마다 기다란 꽃눈이 모여 달려요.

산뽕나무
잎자국은 동그랗고 겨울눈은 달걀 모양이에요.

생강나무
잎자국은 반달 모양이고 겨울눈은 타원형이에요.

신갈나무
가지 끝에 겨울눈이 모여 달려요.

신나무
겨울눈은 가지 끝에 2개가 나란히 달려요.

진달래
가지 끝에 여러 개의 겨울눈이 모여 달려요.

아까시나무
겨울눈은 잎자국 속에 숨어 있어요.

일본잎갈나무
겨울눈은 동그란 바가지 모양이에요.

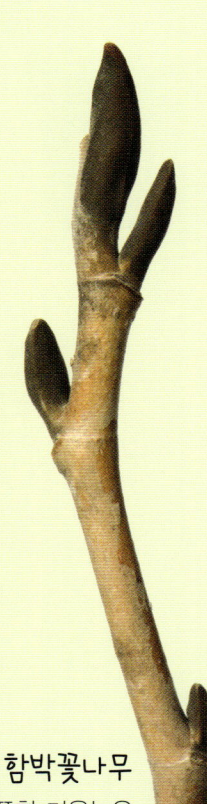

철쭉
보통 새로 갈라진 가지가 더 길게 자라요. 가지 끝에 타원형 겨울눈이 달려요.

쪽동백나무
겨울눈은 황갈색 털로 덮여 있어요.

함박꽃나무
길쭉한 겨울눈은 두꺼운 가죽 코트에 싸여 있어요.

나물 노래

꼬불꼬불 고사리 돌돌 말려 고비나물 / 잡아 뜯어 꽃다지 쏙쏙 뽑아 나싱개(냉이)
길에 가면 길경이(질경이) 논두렁에 미나리 / 이산 저산 넘나물(원추리) 바귀 바귀 씀바귀
매끈매끈 기름나물 한 푼 두 푼 돈나물(돌나물) / 달래 먹고 달려가자 쉬영(수영) 먹고 쉬어 가자

추운 겨울이 지나고 봄소식이 전해질 무렵이면 사람들은 나물을 캐러 들로 산으로 나갔습니다. 옛날 어린이들은 나물 노래를 따라 부르면서 나물 이름을 익혔어요. 여러분들도 이른 봄을 만나러 들로 산으로 나가 나물을 찾아보세요.

고비
산기슭에서 자라요.
삶아서 나물로 무쳐 먹거나
국을 끓여 먹어요.

돌나물(돈나물)
산기슭이나 밭둑에서 자라요.
통통한 어린 줄기와 잎으로
김치를 담가 먹지요.

달래
산과 들에서 자라요.
뿌리째 캐서 나물로
무쳐 먹는데 매운맛과
향이 좋아요.

맛있는 씀바귀 김치를 담가 볼까!

기름나물
양지바른 산기슭에서 자라요.
봄나물로 먹는데 향긋하고
고소한 향이 있어요.

씀바귀
산과 들의 풀밭에서 자라요.
물에 담가 쓴맛을 우려낸 다음에
나물로 무치거나 김치를 담가 먹어요.

미나리
논이나 물가에서 자라요.
데치거나 무쳐 먹는데 독특한
향기가 입맛을 돋우어 주지요.

냉이(나싱개)
들이나 밭에서 자라요. 뿌리째 캐서 냉잇국을
끓이거나 나물로 무쳐 먹는데 독특한 향기가
입맛을 돋우어 주지요.

질경이(길경이)
길가나 빈터에서 흔하게 자라요.
연한 잎을 나물로 무쳐 먹어요.

여기도 고사리~
저기도 고사리~

고사리
양지바른 산기슭에서 자라요.
살짝 데쳐서 찬물에 우려낸 다음
나물로 무쳐 먹거나 국을 끓여 먹지요.

꽃다지
들이나 밭에서 흔하게 자라요.
뿌리잎을 캐서 나물로 무쳐 먹거나
국을 끓여 먹지요.

원추리(넘나물)
산기슭에서 자라요.
살짝 데쳐 나물로
무쳐 먹거나
국을 끓여 먹지요.

수영(쉬영)
산과 들의 풀밭에서 자라요.
살짝 데쳐 나물로 먹는데 신맛이 나요.

찾아보기

ㄱ

가락지나물 37, 67
가래나무 92
가막사리 93
가시여뀌 101
가죽나무 52, 116, 120
가지 46
각시취 73
갈참나무 79
감 88
감나무 97, 114
감자 25, 49
감태나무 99
강낭콩 24, 94
개구리자리 66
개나리 14, 60, 96
개다래 62, 76
개망초 37, 107
개비름 67
개암나무 120
개오동 41, 91
개옻나무 92, 120
개잎갈나무 81
개자리 55
갯버들 16
겨우살이 109
계수나무 28, 60, 74, 91, 118
계요등 44
고구마 24, 49
고들빼기 13
고마리 66, 73
고비 122
고사리 101, 123
고삼 93
고슴도치풀 83
고욤나무 59
고추 46
고추나무 120
고추나물 69, 84
골무꽃 56

과꽃 73
관음죽 110
관중 27
광대나물 8, 106
광대수염 26
광릉갈퀴 26
괭이밥 8, 55, 66
괴불나무 77
구상나무 81
구송 18
구절초 72
국수나무 92
국화 72
군자란 7
굴참나무 78, 116
굴피나무 31, 86
귀룽나무 30, 52
귤 88
금낭화 21
금목서 73
금불초 38
기름나물 122
기린초 68
기생초 35
까마귀밥여름나무 77
까마귀베개 92
까마중 67, 83
까치수영 36
꼬리조팝나무 44
꼭두서니 84, 93, 100
꽃다지 54, 106, 123
꽃마리 8, 107
꽃사과 75
꽃잔디 7
꽃창포 38
꽃향유 72
꽝꽝나무 74
꾸지뽕나무 77
꿀풀 9, 55, 69
끈끈이주걱 68

ㄴ

나래가막사리 93
나비나물 26
나팔꽃 21, 34
남천 74, 86

냉이 54, 123
노각나무 44
노간주나무 93, 116
노랑꽃창포 6
노랑코스모스 72
노루귀 12, 27, 68
노루오줌 26
노린재나무 77
노박덩굴 77
녹두 94
누리장나무 45, 77
느릅나무 17, 120
느티나무 96, 114, 118
능소화 41, 118

ㄷ

다래 45, 76, 87
다릅나무 31
다정큼나무 109
단풍나무 20, 51, 96, 114, 118
달개비 22, 36, 67
달래 122
달리아 34
달맞이꽃 36, 83, 101, 107
달맞이장구채 55
담쟁이덩굴 28, 41, 61, 96
당근 49
당단풍 63, 98, 116
당옥매 51
대추 88
대추나무 41, 90
댕댕이덩굴 92
더덕 24, 38
데이지 6
도깨비바늘 82
도꼬마리 83
도둑놈의갈고리 85
도라지 101
독말풀 82
독일가문비 65, 81
돈나무 75, 86, 109
돌나물 22, 122
돌단풍 27, 69, 101
돌콩 22
동백나무 15, 75, 87, 108
동부 94

동의나물 57
동자꽃 39
돼지풀 67
두릅나무 31, 120
둥굴레 57, 59
둥근잎나팔꽃 67
둥근잎유홍초 82
등 15, 91, 114
딱지꽃 100
딱총나무 53
딸기 46
땅꽈리 82
떡갈나무 79, 98
뚝갈 69
뚝새풀 9
뚱딴지 73
뜰보리수 51

ㄹ

라넌큘러스 7
라일락 15, 28
루드베키아 34
리기다소나무 64, 80

ㅁ

마가목 31
마거리트 7
마삭줄 45
말나리 84, 86
말냉이 54
말똥비름 55
말오줌때 77
망종화 41
망초 107
매듭풀 36
매발톱꽃 13
매실 88
매실나무 90, 119
맥문동 85
맨드라미 35
머위 22
먼나무 109
멀구슬나무 20
메꽃 23, 37
메타세쿼이아 65, 81, 97, 118
멜론 46

며느리밑씻개 67
며느리배꼽 83
멸가치 85
명아주 23, 100
명자꽃 15
모감주나무 29, 51, 96
모과 88
모과나무 14, 90, 114, 118
모란 14, 51, 91
모시대 39
목련 29, 50, 90
무 49
무궁화 20, 42, 43, 61, 91
무릇 68
무스카리 7
무화과 89
물레나물 38, 84
물박달나무 116
물봉선 39
물오리나무 116
물푸레나무 52, 116
미국가막사리 82
미국자리공 82, 100
미나리 123
미나리아재비 9
미선나무 50
미역줄나무 52
민들레 10, 11, 67
밀 95
밀나물 68, 93

ㅂ

박달나무 98
박주가리 83
박쥐나무 45, 63
박태기나무 15, 75, 87, 119
반하 12
밤 88
밤나무 62, 99, 116
배 89
배롱나무 29, 40, 97, 113, 114, 119
배추 25, 48
배풍등 69, 85
백당나무 31, 86, 92
백량금 109
백목련 15, 60, 74, 103, 114, 118

백일홍 35
백정화 40
뱀딸기 8, 54, 58, 68
버드나무 116
벌완두 59
범꼬리 27
범부채 21, 85
벤자민고무나무 110
벼 95
벽오동 28, 50, 74, 114
별꽃 9, 107
병꽃나무 53
보리 95, 113
보리수나무 77
복숭아 89
복숭아나무 90
복자기 99
봄맞이 9, 55, 106
봉숭아 35
부겐빌레아 110
부추 48
분꽃 91
분비나무 113
분홍매 15
붉나무 30, 44, 77, 99, 120
붉은병꽃나무 17
붉은토끼풀 37, 67
붓꽃 38, 57, 87
붓순나무 59
비비추 21
뽕나무 53

ㅅ

사과 89
사람주나무 58
사방오리 76, 87
사철나무 40, 59, 75, 109
사철베고니아 35
산국 69, 72
산돌배 52
산돌배나무 87
산딸기 52, 92
산딸나무 74, 87, 96
산민들레 11
산부추 73
산뽕나무 62, 121

산사나무 53, 63, 117
산수국 45
산수유 15, 17, 74, 114, 119
산자고 56
산초나무 93
살갈퀴 66
살구 89
살구나무 58
삼나무 81
삿갓나물 26
상사화 35
상수리나무 78, 117
상추 48
새모래덩굴 23
새박 83
새팥 37
새한 43
생강나무 17, 31, 76, 93, 99, 121
서양민들레 10, 11
서어나무 99
석류 40, 89
선인장 90
섬잣나무 64, 80
세잎양지꽃 101
셰플레라 111
소나무 16, 18, 64, 80, 117
소리쟁이 54
소태나무 31, 53
솔송나무 81
솜나물 13
솜방망이 26, 57
송엽국 34
쇠뜨기 23
쇠서나물 106
수국 41, 119
수련 37
수리취 27, 73, 85
수박 46, 113

수박풀 37
수선화 6
수수 95
수염가래꽃 36
수영 54, 123
술패랭이 23
스킨답서스 111
스트로브잣나무 64, 81, 91, 115
스파티필룸 111
시금치 48
시클라멘 6
신갈나무 30, 79, 98, 117, 121
신나무 63, 99, 121
싱고니움 111
싱글레드 43
싸리 44, 63
쑥 21
쑥갓 48
씀바귀 122

ㅇ

아까시나무 16, 30, 52, 63, 117, 121
아라우카리 111
아욱 48
알로카시아 111
애기괭이눈 56
애기나리 69, 100
애기똥풀 9, 55
애기수영 101
애기풀 12, 56
앵두 88
앵두나무 119
앵초 57
양다래 89
양버즘나무 29, 50, 59, 61, 97, 115, 119
양상추 48
양지꽃 13, 100
양파 49
어저귀 37, 83
얼레지 13, 27, 57, 58
엉겅퀴 13, 57, 68, 93
연꽃 37, 83
영광 43
오갈피나무 45
오동나무 14, 62, 117
오이 47

오이풀 22, 84
옥녀 43
옥수수 95
완두콩 24, 94
왕머루 58
왕벚나무 15, 51, 60, 97, 115, 119
용담 73
우산나물 27
원추리 20, 39, 66, 85, 123
유자 89
윤판나물 84
율무 25, 95
으름덩굴 30, 53, 63
은단풍 28, 61
은방울꽃 12, 84, 92
은사시나무 115
은행나무
  29, 60, 75, 90, 96, 103, 115, 118
이팝나무 97
익소라 112
인도고무나무 112
일본목련 28, 51
일본잎갈나무
  16, 31, 65, 80, 98, 117, 121

ㅈ

자귀나무 41, 61, 75, 90
자두 89
자란 85
자목련 14
자선 43
자운영 9
자작나무 59, 74, 91, 115
작약 6, 21
잔개자리 55
잣나무 80
장구밥나무 45
장구채 85
장대나물 8
장미 29, 41, 75
저먼 아이리스 6
전나무 65, 81, 93
접시꽃 34, 91
제비꽃 9, 54
조 95
조릿대 62

조팝나무 17
족제비싸리 16
졸참나무 79
좀꿩의다리 68
좀작살나무 74
좁쌀풀 38
종덩굴 44
주목 65, 75, 90, 108, 115
중국단풍 60, 97, 103, 115
쥐똥나무 41, 75, 90, 119
쥐방울덩굴 82
쥐손이풀 84
쥐오줌풀 13
지느러미엉겅퀴 8, 106
지칭개 9, 107
진달래 17, 117, 121
진범 39
질경이 67, 82, 123
짚신나물 38
쪽동백나무 16, 20, 63, 93, 98, 121
찔레꽃 16, 76

ㅊ

차나무 87
참깨 24
참꽃마리 13
참나리 22, 36
참마 92
참오동나무 86
참외 47
참죽나무 29
참취 26
채송화 35
천남성 85
천사나팔꽃 112
철쭉 17, 120
청가시덩굴 93
청미래덩굴 53, 63
초롱꽃 12
측백나무 65, 109
층층이꽃 36
치자나무 40
칠엽수 61
칡 44, 76, 92

ㅋ

칸나 35
칼라테아 112
칼란코에 6
코르딜리네 112
코스모스 21, 72, 103
콩 25, 94
콩배나무 53
큰개불알풀 54
큰뱀무 57
큰엉겅퀴 73
큰피막이 68

ㅌ

타래난초 39
태산목 29, 40
탱자나무 86
털부처꽃 37
토끼풀 8, 54, 101
토란 24, 49
토마토 47
투구꽃 39
튤립 7
튤립나무 14, 29, 50, 61, 75, 97

ㅍ

파 48
파랑새 43
파프리카 47
팔손이 73, 108
팥 94
패랭이꽃 36
팬지 7
팽나무 97
페튜니아 34
프리뮬러 7
피나물 12, 27, 56, 69
피라칸다 109
피마자 25
피망 47
필로덴드론 112

ㅎ

하늘말나리 39
하늘매발톱 57
할미꽃 13, 56
함박꽃나무 17, 117, 121
해당화 51, 58, 61
해바라기 35
향나무 65, 108, 115
현호색 12
협죽도 41
호두 89
호랑가시나무 63, 108
호랑버들 17
호박 25, 47
홍단풍 20
화살나무 28, 75
환삼덩굴 23, 66
황매화 14
황벽나무 117
회나무 58
회양목 20, 59, 60, 91, 108
회화나무 50, 91
흑삼릉 55
흰말채나무 50, 119
흰민들레 11
히아신스 6
히어리 51

초등 교과 과정 연계 정보

봄

봄에 꽃이 피는 화초 1-1 봄 〈2. 도란도란 봄 동산〉 / 6-1 과학 〈4. 식물의 구조와 기능〉
봄에 들에서 피는 풀꽃 1-1 봄 〈2. 도란도란 봄 동산〉 / 6-1 과학 〈4. 식물의 구조와 기능〉
민들레의 한살이 2-1 봄 〈2. 봄이 오면〉 / 4-1 과학 〈3. 식물의 한살이〉
봄에 산에서 피는 풀꽃 2-1 봄 〈2. 봄이 오면〉 / 6-1 과학 〈4. 식물의 구조와 기능〉
봄에 공원에서 피는 나무꽃 1-1 봄 〈2. 도란도란 봄 동산〉 / 6-1 과학 〈4. 식물의 구조와 기능〉
봄에 산에서 피는 나무꽃 1-1 봄 〈2. 도란도란 봄 동산〉 / 6-1 과학 〈4. 식물의 구조와 기능〉
소나무의 일생 2-1 봄 〈2. 봄이 오면〉 / 4-1 과학 〈3. 식물의 한살이〉
화단과 공원에 있는 새싹 2-1 봄 〈2. 봄이 오면〉 / 4-1 과학 〈3. 식물의 한살이〉
들에서 볼 수 있는 새싹 1-1 봄 〈2. 도란도란 봄 동산〉 / 4-1 과학 〈3. 식물의 한살이〉
밭에서 만나는 농작물의 새싹 1-1 봄 〈2. 도란도란 봄 동산〉 / 4-1 과학 〈3. 식물의 한살이〉
산에서 볼 수 있는 새싹 2-1 봄 〈2. 봄이 오면〉 / 4-1 과학 〈3. 식물의 한살이〉
공원에서 자라는 나무의 새순 2-1 봄 〈2. 봄이 오면〉 / 4-1 과학 〈3. 식물의 한살이〉
산에서 자라는 나무의 새순 2-1 봄 〈2. 봄이 오면〉 / 4-1 과학 〈3. 식물의 한살이〉

여름

여름에 꽃이 피는 화초 2-1 여름 〈2. 초록이의 여름 여행〉 / 6-1 과학 〈4. 식물의 구조와 기능〉
여름에 들에서 피는 풀꽃 2-1 여름 〈2. 초록이의 여름 여행〉 / 6-1 과학 〈4. 식물의 구조와 기능〉
여름에 산에서 피는 풀꽃 2-1 여름 〈2. 초록이의 여름 여행〉 / 6-1 과학 〈4. 식물의 구조와 기능〉
여름에 공원에서 피는 나무꽃 2-1 여름 〈2. 초록이의 여름 여행〉 / 6-1 과학 〈4. 식물의 구조와 기능〉
나라꽃 무궁화 1-2 겨울 〈1. 여기는 우리나라〉 / 6-1 과학 〈4. 식물의 구조와 기능〉
여름에 산에서 피는 나무꽃 2-1 여름 〈2. 초록이의 여름 여행〉 / 6-1 과학 〈4. 식물의 구조와 기능〉
열매를 이용하는 채소 2-1 여름 〈2. 초록이의 여름 여행〉 / 6-1 과학 〈4. 식물의 구조와 기능〉
잎줄기나 뿌리를 이용하는 채소 2-1 여름 〈2. 초록이의 여름 여행〉
여름에 공원에서 볼 수 있는 나무 열매 2-1 여름 〈2. 초록이의 여름 여행〉 / 6-1 과학 〈4. 식물의 구조와 기능〉
여름에 산에서 볼 수 있는 나무 열매 2-1 여름 〈2. 초록이의 여름 여행〉 / 6-1 과학 〈4. 식물의 구조와 기능〉
여름에 볼 수 있는 들풀 열매 2-1 여름 〈2. 초록이의 여름 여행〉 / 6-1 과학 〈4. 식물의 구조와 기능〉
여름에 볼 수 있는 산풀 열매 2-1 여름 〈2. 초록이의 여름 여행〉 / 6-1 과학 〈4. 식물의 구조와 기능〉
어린 열매 단면 2-1 여름 〈2. 초록이의 여름 여행〉 / 6-1 과학 〈4. 식물의 구조와 기능〉

공원에서 만날 수 있는 나뭇잎
　2-1 여름 〈2. 초록이의 여름 여행〉 / 4-2 과학 〈1. 식물의 생활〉 / 6-1 과학 〈4. 식물의 구조와 기능〉

산에서 만날 수 있는 나뭇잎
　2-1 여름 〈2. 초록이의 여름 여행〉 / 4-2 과학 〈1. 식물의 생활〉 / 6-1 과학 〈4. 식물의 구조와 기능〉

바늘잎을 가진 나무들
　2-1 여름 〈2. 초록이의 여름 여행〉 / 4-2 과학 〈1. 식물의 생활〉 / 6-1 과학 〈4. 식물의 구조와 기능〉

들에서 만나는 풀잎　4-2 과학 〈1. 식물의 생활〉 / 6-1 과학 〈4. 식물의 구조와 기능〉

산에서 만나는 풀잎　4-2 과학 〈1. 식물의 생활〉 / 6-1 과학 〈4. 식물의 구조와 기능〉

가을

가을에 피는 꽃　1-2 가을 〈2. 현규의 추석〉 / 6-1 과학 〈4. 식물의 구조와 기능〉

가을에 공원에서 볼 수 있는 나무 열매　2-2 가을 〈2. 가을아 어디 있니〉 / 6-1 과학 〈4. 식물의 구조와 기능〉

가을에 산에서 볼 수 있는 나무 열매　2-2 가을 〈2. 가을아 어디 있니〉 / 6-1 과학 〈4. 식물의 구조와 기능〉

도토리가 열리는 참나무　1-2 가을 〈2. 현규의 추석〉 / 2-2 가을 〈2. 가을아 어디 있니〉 / 6-1 과학 〈4. 식물의 구조와 기능〉

솔방울이 열리는 나무　1-2 가을 〈2. 현규의 추석〉 / 2-2 가을 〈2. 가을아 어디 있니〉 / 6-1 과학 〈4. 식물의 구조와 기능〉

가을에 볼 수 있는 들풀 열매　2-2 가을 〈2. 가을아 어디 있니〉 / 6-1 과학 〈4. 식물의 구조와 기능〉

가을에 볼 수 있는 산풀 열매　2-2 가을 〈2. 가을아 어디 있니〉 / 6-1 과학 〈4. 식물의 구조와 기능〉

열매 단면　2-2 가을 〈2. 가을아 어디 있니〉 / 6-1 과학 〈4. 식물의 구조와 기능〉

맛있는 과일　1-2 가을 〈2. 현규의 추석〉 / 2-2 가을 〈2. 가을아 어디 있니〉

공원이나 들에서 모은 씨앗　1-1 봄 〈2. 도란도란 봄 동산〉 / 2-2 가을 〈2. 가을아 어디 있니〉 / 6-1 과학 〈4. 식물의 구조와 기능〉

산에서 모은 씨앗　1-1 봄 〈2. 도란도란 봄 동산〉 / 2-2 가을 〈2. 가을아 어디 있니〉 / 6-1 과학 〈4. 식물의 구조와 기능〉

논밭에서 기르는 곡식　1-1 봄 〈2. 도란도란 봄 동산〉 / 1-2 가을 〈2. 현규의 추석〉 / 2-2 가을 〈2. 가을아 어디 있니〉

공원에서 만나는 단풍잎　1-2 가을 〈2. 현규의 추석〉 / 2-2 가을 〈2. 가을아 어디 있니〉

산에서 만나는 단풍잎　1-2 가을 〈2. 현규의 추석〉 / 2-2 가을 〈2. 가을아 어디 있니〉

풀잎 단풍　1-2 가을 〈2. 현규의 추석〉 / 2-2 가을 〈2. 가을아 어디 있니〉

꽃누르미를 만들어 봐요　1-2 가을 〈2. 현규의 추석〉 / 2-2 가을 〈2. 가을아 어디 있니〉

겨울

로제트 식물　2-2 겨울 〈2. 겨울 탐정대의 친구 찾기〉

겨울에도 잎이 푸른 상록수　2-2 겨울 〈2. 겨울 탐정대의 친구 찾기〉

겨울철 실내를 푸르게 해 주는 관엽식물　2-2 겨울 〈2. 겨울 탐정대의 친구 찾기〉

식물의 겨울나기　2-2 겨울 〈2. 겨울 탐정대의 친구 찾기〉 / 4-1 과학 〈3. 식물의 한살이〉

공원에서 볼 수 있는 나무껍질　2-2 겨울 〈2. 겨울 탐정대의 친구 찾기〉 / 6-1 과학 〈4. 식물의 구조와 기능〉

산에서 볼 수 있는 나무껍질　2-2 겨울 〈2. 겨울 탐정대의 친구 찾기〉 / 6-1 과학 〈4. 식물의 구조와 기능〉

공원에서 만나는 겨울눈　2-2 겨울 〈2. 겨울 탐정대의 친구 찾기〉 / 6-1 과학 〈4. 식물의 구조와 기능〉

산에서 만나는 겨울눈　2-2 겨울 〈2. 겨울 탐정대의 친구 찾기〉 / 6-1 과학 〈4. 식물의 구조와 기능〉

나물 노래　1-1 봄 〈2. 도란도란 봄 동산〉 / 2-2 겨울 〈2. 겨울 탐정대의 친구 찾기〉